格致方法·定量研究系列　吴晓刚　主编

倾向性评分方法及应用

白海岩（Haiyan Bai）
[美]M. H. 克拉克（M. H. Clark）　著

曲鑫　译

SAGE Publications, Inc.

格致出版社　上海人民出版社

图书在版编目(CIP)数据

倾向性评分方法及应用 / 白海岩,(美）M. H. 克拉克
著；曲鑫译. -- 上海 ：格致出版社 ：上海人民出版社，
2025. --（格致方法). -- ISBN 978-7-5432-3673-8

Ⅰ. C34

中国国家版本馆 CIP 数据核字第 2025Q9U130 号

责任编辑 顾 悦 杨捷婷

格致方法·定量研究系列

倾向性评分方法及应用

白海岩 ［美]M. H. 克拉克 著

曲 鑫 译

出 版 格致出版社

上海人民出版社

（201101 上海市闵行区号景路 159 弄 C 座）

发 行 上海人民出版社发行中心
印 刷 浙江临安曙光印务有限公司
开 本 920×1168 1/32
印 张 5.75
字 数 114,000
版 次 2025 年 5 月第 1 版
印 次 2025 年 5 月第 1 次印刷
ISBN 978-7-5432-3673-8/C·336
定 价 50.00 元

出版说明

由吴晓刚(原香港科技大学教授,现任上海纽约大学教授)主编的"格致方法·定量研究系列"丛书,精选了世界著名的SAGE出版社定量社会科学研究丛书,翻译成中文,起初集结成八册,于2011年出版。这套丛书自出版以来,受到广大读者特别是年轻一代社会科学工作者的热烈欢迎。为了给广大读者提供更多的方便和选择,该丛书经过修订和校正,于2012年以单行本的形式再次出版发行,共37本。我们衷心感谢广大读者的支持和建议。

随着与SAGE出版社合作的进一步深化,我们又从丛书中精选了三十多个品种,译成中文,以飨读者。丛书新增品种涵盖了更多的定量研究方法。我们希望本丛书单行本的继续出版能为推动国内社会科学定量研究的教学和研究作出一点贡献。

总 序

2003 年，我赴港工作，在香港科技大学社会科学部教授研究生的两门核心定量方法课程。香港科技大学社会科学部自创建以来，非常重视社会科学研究方法论的训练。我开设的第一门课"社会科学里的统计学"（Statistics for Social Science）为所有研究型硕士生和博士生的必修课，而第二门课"社会科学中的定量分析"为博士生的必修课（事实上，大部分硕士生在修完第一门课后都会继续选修第二门课）。我在讲授这两门课的时候，根据社会科学研究生的数理基础比较薄弱的特点，尽量避免复杂的数学公式推导，而用具体的例子，结合语言和图形，帮助学生理解统计的基本概念和模型。课程的重点放在如何应用定量分析模型研究社会实际问题上，即社会研究者主要为定量统计方法的"消费者"而非"生产者"。作为"消费者"，学完这些课程后，我们一方面能够读懂、欣赏和评价别人在同行评议的刊物上发表的定量研究的文章；另一方面，也能在自己的研究中运用这些成熟的方法论技术。

上述两门课的内容，尽管在线性回归模型的内容上有少量重复,但各有侧重。"社会科学里的统计学"从介绍最基本的社会研究方法论和统计学原理开始,到多元线性回归模型结束,内容涵盖了描述性统计的基本方法、统计推论的原理、假设检验、列联表分析、方差和协方差分析、简单线性回归模型、多元线性回归模型,以及线性回归模型的假设和模型诊断。"社会科学中的定量分析"则介绍在经典线性回归模型的假设不成立的情况下的一些模型和方法,将重点放在因变量为定类数据的分析模型上,包括两分类的 logistic 回归模型、多分类 logistic 回归模型、定序 logistic 回归模型、条件 logistic 回归模型、多维列联表的对数线性和对数乘积模型、有关删节数据的模型、纵贯数据的分析模型,包括追踪研究和事件史的分析方法。这些模型在社会科学研究中有着更加广泛的应用。

修读过这些课程的香港科技大学的研究生,一直鼓励和支持我将两门课的讲稿结集出版,并帮助我将原来的英文课程讲稿译成了中文。但是,由于种种原因,这两本书拖了多年还没有完成。世界著名的出版社 SAGE 的"定量社会科学研究"丛书闻名遐迩,每本书都写得通俗易懂,与我的教学理念是相通的。当格致出版社向我提出从这套丛书中精选一批翻译,以飨中文读者时,我非常支持这个想法,因为这从某种程度上弥补了我的教科书未能出版的遗憾。

翻译是一件吃力不讨好的事。不但要有对中英文两种语言的精准把握能力,还要有对实质内容有较深的理解能力,而这套丛书涵盖的又恰恰是社会科学中技术性非常强的内容,只有语言能力是远远不能胜任的。在短短的一年时间里,我们组织了来自中国内地及香港、台湾地区的二十几位研究生参与了这项工程,他们当时大部分是香港科技大学的硕士和博士研究生,受过严格的社会科学统计方法的训练,也有来自美国等地对定量研究感兴趣的博士研究生。他们是香港科技大学社会科学部博士研究生蒋勤、李骏、盛智明、叶华、张卓妮、郑冰岛,硕士研究生贺光烨、李兰、林毓玲、肖东亮、辛济云、於嘉、余珊珊,应用社会经济研究中心研究员李俊秀;香港大学教育学院博士研究生洪岩璧;北京大学社会学系博士研究生李丁、赵亮员;中国人民大学人口学系讲师巫锡炜;中国台湾"中央"研究院社会学所助理研究员林宗弘;南京师范大学心理学系副教授陈陈;美国北卡罗来纳大学教堂山分校社会学系博士候选人姜念涛;美国加州大学洛杉矶分校社会学系博士研究生宋曦;哈佛大学社会学系博士研究生郭茂灿和周韵。

　　参与这项工作的许多译者目前都已经毕业,大多成为中国内地以及香港、台湾等地区高校和研究机构定量社会科学方法教学和研究的骨干。不少译者反映,翻译工作本身也是他们学习相关定量方法的有效途径。鉴于此,当格致出版社和SAGE出版社决定在"格致方法·定量研究系列"丛书中推出另外一批新品种时,香港科技大学社会科学部的研究生仍然是主要力量。特别值得一提的是,香港科技大学应用社会经济研究中心与上海大学社会学院自2012年夏季开始,在上海(夏季)和广州南沙(冬季)联合举办"应用社会科学研究方法研修班",至今已经成功举办三届。研修课程设计体现"化整为零、循序渐进、中文教学、学以致用"的方针,吸引了一大批有志于从事定量社会科学研究的博士生和青年学者。他们中的不少人也参与了翻译和校对的工作。他们在繁忙的学习和研究之余,历经近两年的时间,完成了三十多本新书的翻译任务,使得"格致方法·定量研究系列"丛书更加丰富和完善。他们是:东南大学社会学系副教授洪岩璧,香港科技大学社会科学部博士研究生贺光烨、李忠路、王佳、王彦蓉、许多多,硕士研究生范新光、缪佳、武玲蔚、臧晓露、曾东林,原硕士研究生李兰,密歇根大学社会学系博士研究生王骁,纽约大学社会学系博士研究生温芳琪,牛津大学社会学系研究生周穆之,上海大学社会学院博士研究生陈伟等。

　　陈伟、范新光、贺光烨、洪岩璧、李忠路、缪佳、王佳、武玲蔚、许多多、曾东林、周穆之,以及香港科技大学社会科学部硕士研究生陈佳莹,上海大学社会学院硕士研究生梁海祥还协助主编做了大量的审校工作。格致出版社编辑高璇不遗余力地推动本丛书的继续出版,并且在这个过程中表现出极大的耐心和高度的专业精神。对他们付出的劳动,我在此致以诚挚的谢意。当然,每本书因本身内容和译者的行文风格有所差异,校对未免挂一漏万,术语的标准译法方面还有很大的改进空间。我们欢迎广大读者提出建设性的批评和建议,以便再版时修订。

　　我们希望本丛书的持续出版,能为进一步提升国内社会科学定量教学和研究水平作出一点贡献。

吴晓刚

于香港九龙清水湾

目 录

序

　　综观"社会科学定量应用系列"(QASS)各卷，有一个明显缺失的主题：倾向性评分方法。因此，我格外欣喜地向大家介绍由白海岩和 M. H. 克拉克所著的《倾向性评分方法及应用》，这本书旨在填补这一空白。

　　在大多数应用场景中，包括基础领域和应用领域的社会科学家关注的许多干预研究，随机分配是一种理想状态而非现实。出于伦理和（或）实际原因，往往无法将参与者随机分配到实验组和对照组。实验组和对照组可能在一些方面存在差异，而这些差异会对我们所关注的因果效应估计产生影响。倾向性评分方法通过估计个体被分配到或自行选择进入实验组的可能性，并利用这一信息对分析进行基于设计的调整，来帮助平衡非对等的组。《倾向性评分方法及应用》阐释了这些技术背后的理论和方法。

　　本书通俗易懂、条理清晰、逻辑连贯、解释明了，还提供了诸多实用建议。事实上，两位作者不仅在倾向性评分方法教学方面经验丰富，还在已发表的关于这些方法应用的文献方面有所贡献。全书聚焦如何在存在选择偏误的情况下估计因果效应,尤其是与某种干预相关的因果效应。本书介绍了倾向性评分,并回顾了使用倾向性评分所基于的假设(第1章);解释了倾向性评分的建模与估计(第2章);回顾了常见的倾向性评分方法(匹配法、分层法、加权法、协变量调整法)以及选择某种方法而非其他方法的原因(第3章);讨论了应用中出现的问题,包括对各变量在组间平衡性的评估以及调整后处理效应的估计(第4章);最后进行总结,讨论局限性,并指出新的发展方向(第5章)。书中包含基于案例的简要示例,还基于"游戏工作坊"(Playworks)干预项目(一项针对小学生的课间活动项目)的部分数据展开了更深入的应用。读者可以利用"游戏工作坊"数据以及配套网站study.sagepub.com/researchmethods/qass/bai&clark 上提供的 R、SPSS、SAS 和 STATA 操作说明,复现书中结果,以此检验自己的理解程度。

《倾向性评分方法及应用》为有兴趣学习倾向性评分方法的读者提供了实用且深入浅出的介绍,为阅读更专业的文献奠定了基础。它可以作为众多学科(包括政治学、社会学或教育学)研究生阶段方法课或统计课的有益补充。对于已经结束正规课程学习的研究人员来说,它同样是一本很好的独立教程。希望大家阅读愉快!

芭芭拉·恩特威斯尔

致 谢

我们要感谢本书编辑及下述审稿人,感谢他们的反馈与鼓励:

- 亚当·塞思·利特温,康奈尔大学
- 克里斯托弗·M. 塞德尔迈尔,纽黑文大学
- 肯尼斯·埃尔普斯,马里兰大学
- 颜程智(Cherng-Jyh Yen),欧道明大学
- 张米多(Mido Chang),佛罗里达国际大学

本书献给我们的家人,尤其是国伟和皮特·梅林,感谢他们的全力支持。

第 **1** 章

倾向性评分方法的基本概念

在行为科学和社会科学领域,由于研究实际或伦理方面的障碍,研究者通常无法从随机试验中收集数据(Bai,2011)。因此,观察性研究常被用于进行因果推断(Pan & Bai,2015a; Shadish, Cook, & Campbell,2002)。遗憾的是,观察性研究中的选择偏误经常对研究有效性构成威胁(Rosenbaum & Rubin,1983)。当一种研究条件下(例如,处理组)的参与者既有特征与另一种条件下(例如,对照组)的参与者存在系统性差异,就会发生选择偏误。例如,如果参与者自愿选择进入处理组,那么他们可能比控制组中的参与者更有动机、更有责任心抑或更有抱负。当参与者被随机分配至各组时,这种偏误则通常会减少。因为经过随机分配的参与者,预计在特征分布上更为相似(即,对照组参与者与处理组参与者在动机、责任心和抱负等方面是相同的)。当协变量在各组之间保持等价时,也就意味着它们是平衡的,此时研究者可以合理推断出,结果变量的任何组间差异是由因果变量(预测变量或自变量)引起的。如果协变量不平衡,正如在观察性研究中经常出现的情况,组间的既有差异可能影响我们在结果变量上观察到的任何差异,进而导致虚假的处理效应。为提升处理效应估计的有效性,可以使用各种统计调整方法来减少选择偏误，诚然，其中一些方法相较其他方法更为有效。

　　在过去几十年中，倾向性评分方法（propensity score methods）在提升因果研究有效性方面越来越受到欢迎，因为适当使用此法可以产生与真实实验设计相似的结果（Rosenbaum & Rubin，1985）。自 1983 年罗森鲍姆（Rosenbaum）和鲁宾（Rubin）提出该方法以来，倾向性评分方法已经在许多领域得以应用，例如教育（如，Clark & Cundiff，2011；Guill，Lüdtke，& Köller，2017；Hong & Raudenbush，2005）、流行病学（如，Austin，2009；Thanh & Rapoport，2016）、心理学（如，Gunter & Daly，2012；Kirchmann et al.，2012）、经济学（如，Baycan，2016；Dehejia & Wahba，2002）、政治学（Seawright & Gerring，2008）和项目评估（如，Duwe，2015）等领域。例如，冈特（Gunter）和戴利（Daly）在研究暴力电子游戏与不良行为之间的关系时使用了倾向性评分方法。他们发现，在考虑到玩家自主选择游戏类型的因素后，倾向性评分匹配降低了实验效果的估计值，表明电子游戏对暴力和不良行为的影响弱于先前研究结果。吉尔（Guill）等人在研究已经步入学术轨道的学生，与未步入学术轨道或就读于综合性院校的学生之间的认知发展差异时，比较了几种倾向性评分模型以解释选择偏误。杜韦（Duwe）使用倾向性评分匹配来评估一项因犯重返社会计划在降低再犯率和增加释放后就业率方面的效果。

　　虽然，各领域研究表明，倾向性评分方法始终利于提高处理效应的准确性，但对于想要将此法应用于自身实证研究的研究者而言，仍然存在一些挑战（Pan & Bai，2016）。虽然有其他专著更为详细地探讨了具体问题（例如，Guo & Fraser，2015；Leite，2017；Pan & Bai，2015a），但本书介绍了倾向性评分方法的一般使用和实际操作方法，读者阅读后应能达到下述目标：

1. 理解在既定的目标、设计和可用数据的情况下，何时适合使用倾向性评分方法，何时不适合；

2. 能够评估估计倾向性评分的共同支持情况（即，倾向性评分的组间相似度）；

3. 能够建模并估计倾向性评分，以解决观察研究中的选择偏误问题；

4. 熟悉常见的倾向性评分方法（即，倾向性评分匹配、子分类、逆概率加权、协变量调整和双重稳健性调整），并了解如何根据研究设计、数据和倾向性评分选择最合适的方法；

5. 了解如何运用这些倾向性评分方法；

6. 了解如何评估个体协变量以实现组间平衡；

7. 了解如何估计调整后的处理效应；

8. 理解倾向性评分方法的局限性；

9. 通过本书的网站了解各种应用倾向性评分方法的软件包。

本书的结构设计旨在让读者能够按照完成倾向性评分程序所需的所有步骤进行阅读。每章都专注于上述的一个或两个目标。第1章介绍了从实验研究和观察研究中进行因果推断的基本概念，然后从倾向性评分的角度讨论其定义、适用时机、应用原因（目标1），以及使用时需要满足的假设（目标2）。第2章重点介绍如何选择适当的协变量和倾向性评分建模（目标3）。第3章讨论了四种常用的倾向性评分方法（匹配、分层、加权和协变量调整）（目标 4 和目标 5）。第 4 章涵盖了如何评估协变量分布的平衡性，如何估计调整后的处理效应，以及处理效应估计对隐藏偏误的稳健性（目标 6 和目标 7）。第 5 章总结了倾向性评分方法的要点，提供了处理倾向性评分方法常见问题的基本指导，并介绍了倾向性评分方法的最新发展（目标 8）。最后，本书的配套网站 study. sagepub. com/researchmethods/qass/bai&clark 提供了倾向性评分方法常用统计软件包的使用说明、代码和结果解释（目标 9）。

　　为了帮助读者更好地理解倾向性评分方法使用步骤，第 2 章、第 3 章和第 4 章包括了如何将这些步骤应用于实际数据的示例。这些示例演示了与前面章节讨论的每个倾向性评分步骤相对应的环节。这些数据是从公开可用的校际政治与社会研究联合会（Inter-University Consortium for Political and Social Research）（ICPSR 35683）数据集中提取的子集。这些数据最初用于评估"游戏工作坊"干预项目，该项目针对小学生的课间活动，旨在通过教授安全、有趣的游戏方式来改善学生社会交往和情感交流技能（www. playworks. org）。由于软件包经常更新变化，本书网站提供了数据集、程序代码、结果输出和相应解释。鼓励读者使用我们提供的代码复核示例，并与所提供的在线结果进行比对。

第 1 节 │ 因果推断

实验设计与观察性研究

在实验设计中,我们假设通过随机抽样和随机分配,能够获得具有相同特征分布的处理组和控制组(处理条件除外),从而限制潜在的选择偏误,使我们所关注的变量成为产生处理效应的唯一原因。而进行观察性研究的研究者,根据未经随机分配的数据结果得出结论,其对因果推断的信心则相对较低。为了更清楚地理解为何这是一个需要关注的问题,本节将简要讨论因果推断的基本概念,并说明好的研究设计的重要性。

假设我们有兴趣研究课间活动项目对小学生社交技能的影响。根据因果效应的反事实框架建模,每个孩子的真实处理效应将是处理结果与反事实结果(即未接受处理情况下结果)之间的差异(Holland,1986;Rubin,1974)。以此为背景,我们需要比较参加课间活动项目的每个孩子("处理"参与者)的社交技能与这个孩子如果未参加课间活动项目时的社交技能(反事实结果)。

显然,我们不能同时观察到这两种条件下的社交技能,因为孩子们不能同时参加和不参加课间活动项目。因此,作为合理的替代方案,我们可以估计总体的平均处理效应(average treatment effect,ATE)(Holland,1986;Rubin,1974;Winship & Morgan,1999)。为了评估孩子们社交技能的ATE,我们比较了参加课间活动项目的所有孩子的社交技能期望值,与未参加课间活动项目的所有孩子的社交技能期望值之间的差异。如果我们从人群中随机选择学生,并将他们随机分配到课间活动项目中,那么 ATE 是处理效应的无偏估计,因为课间活动组(处理组)与未参加课间活动组(对照组)学生在观察到和未观察到的背景特征上无系统性差异。

然而,在许多研究情况下,随机对照试验(randomized control trial,RCT)或真实实验并非总是可行的,即参与者会被随机选择并分配到不同组中。在一些研究场景下,没办法将参与者随机分配到试验条件中,而在其他情况下,随机分配则可能有失伦理道德。例如,我们几乎不可能操纵父母的期望,强迫人们寻求治疗,或者控制谁可以上大学。即使随机分配是可行的,将参与者随机分配到有风险的试验条件中也可能是不道德的,比如吸烟、饮酒、癌症、性传播疾病、儿童虐待或无家可归。然而,无法进行随机分配不应妨碍我们研究一些问题,比如:心理治疗如何影响抑郁(Bernstein et al.,2016);饮酒如何导致冠心病(例如,Fillmore,Kerr,Stockwell,Chikritzhs,& Bostrom,2006);母亲吸烟如何影响新生儿体重和早产(例如,Ko et al.,2014);不同类型的儿童虐待(身体、性、或情感)如何导致受害者抑郁和具有攻击性(例如,Vachon,Krueger,Rogosch,& Cicchetti,2015)。

例如,在研究父母对子女学业成就的期望如何影响数学成绩时,我们无法将学生分配到具有高期望或低期望的父母中,也无法操控父母的期望。因此,在这两组中,学生的背景特征很可能显著不同,这也可能影响他们的数学成绩。因为我们知道,两组学生除了他们的父母期望以外还有其他特征不同,所以在不控制其他影响因素的情况下,我们不能直接使用观察数据来评估父母期望对学生数学成绩的影响。两组影响因素(通常称为干扰变量或协变量)的不平衡分布会产生选择偏误,这通常会导致 ATE 偏差。因而,我们自然会产生的下一个问题是:如何从观察性研究中得出有效的因果结论? 下一节将介绍实现这一目标的方法。

观察性研究的内部效度

统计因果推断是关于统计模型中两个或多个变量之间因果关系的主张。因此,统计因果推断的有效性,也称为内部效度(Shadish et al., 2002),指的是研究者通过对数据进行统计分析做出合理推断,几乎毫无疑问地确认存在因果关系。在观察性研究中,选择偏误会对统计因果推断的有效性构成重大威胁。正如我们在前一节中讨论的那样,选择偏误指的是导致不可比较的组(例如,处理组中的人年龄更大、动机更强或受教育程度更高,而对照组中的人则相反)的系统性协变量分布差异。当观察到(测量到)的协变量或隐藏的(未测量到)协变量未被纳入统计模型或在设计中未被控制时,选择偏误通常会导致因果效应的虚假估计(Rosenbaum, 2010)。例如,以父母对子女学业表现的期望为例,现有文献表明,学生的性别与学生的数学成绩(Fennema & Sherman, 1997)以及父母的期望之间存在关系。因此,性别可能是一个干扰变量,影响学生的数学成绩,因为学生无法被随机分配到有高期望或低期望父母的组中。在这种情况下,如果不控制干扰因素的影响,我们无法对父母期望对学生数学成绩的影响做出任何有效的因果推断。此外,学生在数学成绩方面的表现还与他们的个人信念(Gutman,2006;Schommer-Aitkins,Duell,& Hutter,2005)、同龄人的影响(Hanushek,Kain,Markman,& Rivkin,2003)、阅读能力(Hill,Rowan,& Ball,2005)、环境变量(Koth,Bradshaw,& Leaf,2008)、社会人口统计变量(例如,种族、经济地位)以及学校构成(Entwisle & Alexander,1992)等因素相关。这些因素也可能干扰父母期望对学生学业成就的影响。由于存在许多这样的干扰变量,在高期望组和低期望组之间,研究中的所有协变量很难实现平衡。如果这些协变量的分布不平衡,在未考虑这种不平衡的情况下进行估计,将削弱研究中统计因果推断的有效性。

从上面的例子可以清楚地看出,在不调整或不控制干扰变量的情况下,我们无法直接分析观察数据的因果效应。干扰变量可以是隐藏的(未测量)、不可测量的或可观察的(已测量且可供研究者使用)。如果这些变量是可观察的,通过调整或控制这些协变量,可以减少选择偏误并提高统计因果推断的有效性。

减少选择偏误的现有方法

许多情况下,由于特定自变量的限制(例如,研究者无法随机分配生理性别)或参与者的意愿(例如,参与者更有可能选择或被要求参加戒毒项目而非随机分配到其中)，我们无法随机选择和分配参与者分组条件。因此，当随机试验不可行时，我们必须找到一些平衡非等价组的方法来提高因果推断的有效性。常用于控制协变量和干扰因素影响的几种方法包括：(1)使用测试或排除替代因果解释的设计；(2)使用在特定协变量上平衡组间差异的设计；(3)通过调整处理效应的统计模型说明已知的偏误(观察到的协变量)来源；(4)结合两种或更多种的上述方法(Shadish et al.，2002)。

第一种方法通过添加设计要素实现，这些设计要素是添加到研究设计中的变量或条件，通过改变实验条件来评估偏误对有效性的威胁。通常包括对照组(例如，控制组、安慰剂、局部处理)或随时间观察(例如，前测、后续测量)。例如，在医学实验中添加糖丸作为安慰剂，可以帮助研究者确定观察到的效果是由于药物中的活性成分还是患者认为治疗会有效的信念。增加前测(即使参与者被随机分配到小组中)在教育研究中很常见，因为它允许研究者在两种或多种教学方法或项目之间，检查教学后学习结果的差异，同时控制可能影响学生表现的预先存在的特征。

虽然研究者普遍认为，在准实验设计中添加相关要素可以有效减少对内部效度的威胁(Larzelere & Cox，2013；Murname & Willett，2011；Shadish et al.，2002)，但这种方法通常需要大量的预先规划、复杂的统计分析和可供研究的参与者。此外，如果研究者不能控制条件的分配，这些设计可能无法作为随机研究进行。

工具变量(instrumental variable，IV)模型是另一种控制方法，它使用与预测变量(或因果变量)相关但与结果变量的变化无关的变量。工具变量可以与结果变量相关，但不能解释结果变量的变化。例如，当试图估计父母期望对学生数学成绩的因果效应时，父母期望与学生数学成绩之间的相关性并不意味着父母期望会导致学生数学成绩发生变化。其他变量可能会影响父母期望和学生成绩，或者学生成绩可能会影响父母期望。由于我们无法控制父母对子女的期望，可以将父母的收入作为工具变量来估计父母期望对学生成绩的因果效应。这假设父母的收入会影响他们的期望，但收入仅通过影响父母期望而与学生成绩相关。如果我们发现父母的收入和学生成绩是相关的，这可能是父母期望对学生成绩具有因果效应的证据。遗憾的是，尽管鲍登和特金顿声称工具变量模型产生的结果与实验设计相当（Bowden & Turkington，1990），但在实践中，很难正确识别出合适的工具变量以产生一致的处理效应估计（Land & Felson，1978）。

研究者还可以在干预前后对参与者的一个或多个潜在干扰变量进行匹配，以实现处理组和对照组之间的相似性（Rubin，2006）。这种方法通常用于准实验设计。尽管在这种匹配过程中可以使用连续变量（如年龄或父母收入）或分类变量（如性别或种族），但在几个分类变量上匹配比在多个变量上匹配更加容易。尽管这种方法在准实验设计中很常见，但传统的匹配方法存在两个问题：(1)很难找到连续变量的精确匹配；(2)即使使用分类变量，也很难在多个协变量上匹配组成员。以父母期望研究为例，如果我们想匹配父母收入，这将要求我们为处理组和对照组的孩子找到相同收入（例如 65 000 美元）的父母。考虑到收入的可变性，我们不太可能在每组中找到许多收入相同的父母。对性别等单一分类变量进行匹配并不困难,但是,在对照组中找到与处理组中每个孩子具有相同性别、种族、母语和家庭构成的孩子将会限制潜在的匹配数量。限制处理组和对照组之间的匹配次数,会减少样本量,也就降低了研究结果的统计效力和可推广性。

第一个问题可以使用近似匹配来解决,即基于相似数值进行匹配(例如,家长收入为 65 000 美元的学生可以与家长收入为 64 800 美元的学生进行匹配),而非精确数值。第二个问题可以通过限制匹配变量的数量来减少。然而,这也会限制平衡的干扰变量的数量,因此,即使匹配后,估计的处理效应仍然会存在偏差。

在非随机化研究中控制干扰因素的另一种常见策略是,使用传统的协变量调整方法,如协方差分析(ANCOVA)或回归的一种形式(例如,最小二乘法或 logistic 回归)。这些方法通过在统计模型中纳入协变量,来部分地去除干扰变量对处理效应的影响(Eisenberg, Downs, & Golberstein, 2012; Jamelske, 2009; Ngai, Chan, & Ip, 2009)。在最简单的情况下,研究者可以将前测观察作为协变量,以根据前测分数控制组间差异。更常见的情况是,研究者会把其他几个干扰变量当作协变量,因为他们清楚,处理组在这些变量上可能存在差异,而且这些变量不仅会影响结果估计,也会影响前测得分。尽管传统的协变量分析在一定程度上可以控制干扰因素(Leow, Wen, & Korfmacher, 2015; Stürmer et al., 2006),但使用这些方法会带来一些理论和实际问题。首先,这些统计模型很容易被错误地设定,因为样本量小或不均匀,违反了统计假设,或者协变量可能无法充分解释干扰因素,因为特定模型或未测量的干扰变量中可包含的协变量数量有限。虽然添加额外的协变量可以减少干扰,但每个添加到模型中的新协变量都会降低统计效力。

使用传统协变量调整的第二个主要问题是,这些分析不能直接对偏误进行建模。也就是说,协变量的加权不是根据其平衡协变量的程度,而是根据其与因变量的关系程度。因此,这种方法未考虑协变量中各组之间的差异,而是专注于考虑协变量(对于所有参与者)和结果变量之间的共同方差。例如,在工作培训计划中,如果开始和测试后工资之间的相关性很高(例如,$r=0.7$),则仅协变量就可以解释培训后工资49%的方差。虽然这仍会导致51%的差异无法解释,但工作培训计划的独特贡献可能不够强大,无法通过协方差分析模型检测出显著影响。尽管使用传统的协变量调整来解释选择偏误的方法很常用,但这可能并非减少选择偏误的适当统计方法。

协变量分析的另一个显著的局限性是,让模型同时包含多个协变量可能会降低统计效力。然而,如果研究者限制协变量的数量,他们可能无法控制所有影响因素,最终可能会得到一个有偏估计的因果效应。例如,在我们的工作培训示例中,有许多因素与加薪有关,因此,如果我们只考虑其中的一些因素,则可能无法正确估计工作培训对加薪的影响。所以,只有在某些情况下,协变量分析才能有效控制选择偏误的干扰因素,我们显然需要更好的方法。在观察性研究中尽管有多种方法可以适当地模拟和减少选择偏误(例如,Camillo & D'Attoma, 2010; Heckman, 1979),但其中一些最被广泛使用的方法采用了倾向性评分(Rosenbaum & Rubin, 1983)。接下来的两节将重点介绍与这种方法相关的基本概念。

第 2 节 ｜ 倾向性评分

什么是倾向性评分

倾向性评分是指参与者基于一组协变量被分配到特定研究组的概率(Rosenbaum & Rubin, 1983)。倾向性评分通常被估计为某人被分配或自行选择进入处理条件的可能性(关于如何计算倾向性评分的详细信息,请参阅第 2 章)。作为概率,倾向性评分范围从 0 到 1。得分大于 0.5 时预测参与者将进入处理组,得分小于 0.5 时预测参与者将进入控制组或对照组。然而,倾向性评分的目标并非精确预测分配条件,而是创建一个单一的综合得分,以表示整个协变量集合,该集合可用于解释由于选择而导致的所有观察到的特征或干扰因素的组间差异。这也假设具有相同倾向性评分的参与者在处理组和对照组之间观测到的协变量分布相同。因此,倾向性评分可以与各种统计调整结合使用,这些调整应使得处理组参与者的背景特征或协变量与控制组或对照组的参与者具有可比性,就像随机分配一样(Rosenbaum & Rubin, 1983)。倾向性评分方法中常用的统计调整包括:(1)匹配,根据倾向性评分的接近程度,匹配处理组和对照组的参与者;(2)子分类(或分层),根据参与者的倾向性评分,将他们按多个层次进行分组；(3)加权，根据倾向性评分将结果观察值乘以权重；(4)协变量调整，将倾向性评分作为协方差分析或回归中的协变量。上述调整方法以及如何调整将会在第 3 章中有更详细的描述。理论上，倾向性评分方法应在所有观察到的协变量上平衡处理组，这些协变量被用于计算倾向性评分，并减少由非随机分配造成的误差。如果倾向性评分建模适当，那么调整后的处理效应应该是无偏的(Rosenbaum & Rubin, 1985)。

为什么使用倾向性评分

虽然倾向性评分方法可能不是我们控制研究中偏误的首选方法，但它可能是随机分配的最佳替代方案。有别于其他统计控制方法，倾向性评分方法在设计层面解决了选择偏误问题。如前文所述，存在几种现有方法可用于控制观察性研究中的干扰变量。在某些条件下，这些方法能够有效减少偏误。不过，它们也有一些局限性，而其中许多的局限性是倾向性评分方法可以减少的。与工具变量、协变量匹配和协变量调整一样，倾向性评分方法也可以基于现有数据使用。因此，当设计无法更改时，该方法能够使用档案数据平衡非等价组。

尽管工具变量方法和协变量匹配都可以减少偏误，但这些方法只允许研究者在这些调整所包含的变量上平衡各组。在许多情况下，只使用一个变量作为工具变量需要符合一定的条件，可能很难操作或识别（例如，它必须与处理变量相关，但与结果变量的变化无关）。由于选择偏误可能受到多个变量的影响,而这些变量并不都会在处理组和对照组之间均匀分布,因此,即使工具变量符合某种分析的条件,也可能无法充分地减少选择偏误。

当研究者在多个协变量上匹配时,很难同时在所有协变量上进行匹配,因为每个额外的协变量都限制了可行匹配的数量。这通常意味着,研究者必须在几个有限水平的变量上进行匹配(例如,生物性别只有"男性"或"女性"选项,或者年龄只有"年轻"或"年老"选项),或者只选择几个有影响的变量(例如,当参与者自行选择进入大学时他们的高中 GPA 或 ACT 成绩)。更好的解决方案是使用由多个变量聚合为一个的综合得分。

作为一种综合得分,倾向性评分通过同时考虑多个协变量的方差,将使用单一得分的简单性和统计效力与使用多个协变量的彻底性相结合(Rosenbaum & Rubin, 1983)。倾向性评分将多个协变量聚合为一个单一得分,协变量的权重考虑了它们在条件分配中的相对重要性。这不仅解决了使用工具变量和协变量匹配时出现的问题,也解决了使用传统协变量调整时出现的难题。

尽管传统的协变量调整可以容纳多个协变量,但在尝试容纳多个协变量时,特别是在使用小样本时,统计效力仍然可能受影响。更重要的是,倾向性评分实际上模拟了选择偏误,而非依赖因变量的可预测性。因此,通过使用倾向性评分方法,研究者实际上可以解释由设计问题所导致的模型错误设定的统计估计偏差,而不是单个的协变量与结果变量的关系。这就是为什么使用倾向性评分进行匹配、分层或统计调整,这通常比使用协变量分析或多元模型能更好地减少选择偏误(Grunwald & Mayhew，2008；Peterson et al.，2003)。

　　尽管，倾向性评分方法在减少选择偏误方面优于其他方法，但倾向性评分仍然有其局限性。在使用倾向性评分方法时，应满足几个条件和假设，这些将在接下来的几节中讨论。与大多数统计学方法一样，如果这些假设不成立，倾向性评分可能无法有效地减少选择偏误。本书将在第 5 章中更详细地讨论这些局限性及应对方法。

何时使用倾向性评分

　　倾向性评分方法已经被用于减少行为科学和社会科学领域非随机实验中的分组选择偏误或调整处理效应(Baycan，2016；Gunter & Daly，2012；Kirchmann et al.，2012)，并且使用频率在过去几十年中呈指数级增长(Bai，2011)。可惜的是，倾向性评分方法的日益普及也可能导致滥用(Pan & Bai，2016)。与大多数统计方法一样，倾向性评分方法也仅在特定条件下适用。当处理分配不可忽略时(例如，分配是非随机的、明确指定的，或由参与者自行决定)，倾向性评分方法旨在平衡组间数据；在使用观察数据进行准实验或其他类型的组间比较时，倾向性评分方法被用于评估处理效应；当用于统计调整时，倾向性评分方法将多个协变量聚合为单一变量(倾向性评分)(Guo & Fraser，2015；Shadish，2010)。

　　由于倾向性评分方法是为提高内部效度而创建的，因此，当研究者试图从他们的观察性研究中得出因果推断时应该使用此法。倾向性评分被用于解释可能与测试的因果效应处理条件相关的既有个体特征，因此，我们必须能够证实预期原因（即使并非处理或干预）先于效应。

尽管倾向性评分可以被应用于各种非随机实验，但其旨在测试分配方法不明确的观察性研究的因果效应。这些非随机实验可能包括准实验、自然实验或因果关系比较研究。在这些研究中，有几种分配方式可能是非随机的，但可以通过倾向性评分方法来纠正：

（1）参与者可能是自愿选择进入处理组的。例如，在研究教学方式如何影响大学生学业表现时，学生可能会选择报名参加在线课程（处理组），而不是面对面课程（对照组），因为这符合他们的日程安排。

（2）有人根据不一致或未知的标准将参与者分配到不同的组中。如果有多人决定谁能进入处理组，那么每个人可能会采用不同的准入标准，或者管理人员可能会根据情况为某些人改变标准。例如，有些孩子可能仅仅因为能力分数超过130而被天才教育项目录取，而其他人（表现出对成功或独立性的高度动机）则以120分被录取。

（3）研究者没有直接操纵因果变量。在因果比较或自然实验的情况下，我们假设是因果关系事件或特征而非研究者，实施处理或干预措施，此为现有特征或偶然事件，例如生理性别、出生顺序、婚姻状况、社会经济地位和医疗状况。在阿尔蒙德（Almond, 2006）的研究中可见更具体的示例，该研究探讨了孕妇产前接触流感对胎儿长期健康、教育和经济收益的影响。

在上述所有示例中，参与者被分配到处理组的原因是未知或不清楚的，适合使用倾向性评分方法。然而，如果分配基于已知（并保持）的标准，例如酗酒者根据成瘾程度被分配到戒酒项目,那么断点回归设计(RDD)可能比倾向性评分方法更有效且更易使用。理论上,断点回归设计遵循与随机对照试验相同的原则,因为已知选择机制研究者可以控制。根据基准特征值将参与者分组,这充当了随机分配的代理,并应考虑到选择偏误。根据沙迪什的说法,"可以忽略这种分配,因为一旦将这些已知变量纳入模型,潜在结果便与处理分配无关,因此仍然可以获得无偏估计"(Shadish,2010:6)。但是,这就假设分配标准得以严格遵循,并且如果根据多个变量将参与者分组,则所有分配变量都应包含在统计模型中。

最后,为了在多个特征上平衡协变量,研究者必须拥有几个已测量的协变量,这些协变量与条件选择和结果变量均有关,可包含在倾向性评分模型中。如果研究者使用仅限于少数人群统计协变量的二次数据进行研究,他们可能无法充分模拟选择过程。这种情况下,倾向性评分方法可能无法充分减少偏误(Steiner,Cook,Shadish,& Clark,2010)。因此,建议研究者在收集数据之前考虑哪些变量可能会影响分配条件,以便测量这些变量或使用具有足够协变量的现有数据。

第 3 节 ｜ **假设**

可忽略的处理分配假设

在使用倾向性评分方法时，其中一个假设是在考虑到一组观察到的协变量后，处理条件分配与处理效应无关。在随机实验中，即使不考虑协变量，这个假设通常也会成立，因为（根据预期）随机分配可以平衡处理条件之间的所有协变量。当然，在准实验中，特别是当参与者自行选择条件时，不能保证这种假设成立。在这种假设下，如果倾向性评分的分布在处理条件之间是平衡的，则用于获得倾向性评分的协变量分布在处理条件之间也相等。因此，我们假设在对倾向性评分进行统计调整后，选择偏误已被消除（或充分减少），前提是测量了所有干扰变量。这就是我们首先使用倾向性评分方法的原因。

验证使用倾向性评分调整后选择偏误是否减少的一种方法是，检查处理条件与每个观察到的协变量之间的关系。组均值（或在协变量为分类变量时的比例）之间存在差异表明协变量是不平衡的，并违反了上述假设。本书的第 4 章更全面地描述了测试协变量平衡的各种方法。

当然，我们只能对我们测量并包括在倾向性评分估计模型中的变量进行协变量平衡测试。尽管在估计倾向性评分时，研究者应该尝试控制观察到的协变量集合中所有合理的偏误来源，但很可能会有一些未测量或未观察到的协变量没有被包括进来。因此，即使进行了倾向性评分调整，选择偏误仍然存在。在这种情况下，这些遗漏变量成为隐藏偏误的来源，这些偏误仍然会影响处理效应。

　　例如，如果一个协变量，比如虐待儿童风险，与处理分配和结果相关，但未被包括在倾向性评分估计中，那么处理效应仍然会存在偏误。当由一组协变量计算得到的倾向性评分不能代表所有有影响的协变量时，它就无法平衡组间所有协变量的分布。在这种情况下，使用倾向性评分方法不符合可忽略的处理分配假设。当协变量仅限于少数常见的人口统计学变量（例如，年龄、种族、性别和婚姻状况）时，倾向性评分方法所能纠正的选择偏误不到一半（Steiner et al.，2010）。因此，至关重要的是，要将所有导致选择偏误的协变量都包含在倾向性评分模型中。本书的第 2 章提供了关于选择协变量的进一步指导，以确保研究者所使用的倾向性评分满足这一假设。

稳定单元处理值假设

　　使用倾向性评分方法的第二个假设是，每个个体的处理效应不取决于每个人进入其相应状态的方式。这要求：（1）结果不依赖于分配方法（即，随机分配或自选）；（2）对处理组中所有参与者的处理都是相同的（Holmes，2014；Rosenbaum & Rubin，1983）。根据考克斯的说法，"个体的观测结果不应受其他个体特定处理分配的影响"(Cox，1958：
19)。使用倾向性评分方法时，如倾向性评分匹配，稳定单元
处理值假设(SUTVA)假定：(1)在匹配的一对参与者中，处
理组的参与者 A 和对照组的参与者 B 有相同的被分配到处
理组或对照组的可能性；(2)参与者 A 接受的处理类型和数
量与通过倾向性评分匹配选择的处理组中的其他参与者
相同。

　　SUTVA 是指单一处理结果的假设，当结果取决于参与
者接受的处理版本，或者参与者之间存在相互分享处理的情
况时，就会违反这一假设。这也可以用特定的效度威胁来解
释：(1)处理实施的不可靠性，即给予每个处理条件下个体的
处理不一致；(2)补偿均衡，即对照组的参与者接受了替代版
本的处理；(3)补偿对抗，即激励对照组参与者在结果上表现
得和处理组一样好；(4)愤怒沮丧，即因未给予实验处理条
件，对照组参与者减少产生结果的努力；(5)处理扩散，即对
照组参与者学到了处理组的实验条件(Shadish et al.，2002)。
在这些情况下，参与者没有接受他们被分配接受的处理条件
(或缺乏处理条件)。显然，如果参与者实际上接受了不同的
处理条件，我们就无法对处理效应做出合理推断。

充分的共同支持或重叠

　　第三个假设意味着处理组和对照组的倾向性评分分布
有足够的重叠，也就是说，被比较的两组在样本数据中共享
倾向性评分的支持区域。这意味着具有相同倾向性评分的
参与者基于其背景特征或协变量的相似性，有同等的机会被

分配到处理组或对照组,这样我们就能够分离出处理组并在两组之间进行合理(无偏)比较。例如,如果两名员工倾向性评分均为 0.7,则根据其背景特征,他们分别有 70％的机会参加工作培训计划。然后,我们可以在其中一人完成培训计划而另一人没有完成培训计划时比较他们的薪水。如果处理组的大多数成员的倾向性评分与对照组相似,我们就假设这两组是可以比较的。处理组和对照组或比较组的倾向性评分相似性的比例被称为共同支持。如果对照组的共同支持不充足,则不具有可比性,因而不应使用倾向性评分方法。

虽然倾向性评分是选择进入一种状态的预测概率,但使用倾向性评分方法的目标不是预测组成员,而是平衡处理组和对照组。倾向性评分方法最适用的情况实际上是那些被分配到处理组,但同样有可能被分配到对照组的个案(反之亦然)。理想情况下,处理组和对照组的倾向性评分分布应该是正态的,均值为 0.5,标准差相等。在这种情况下,我们最有可能复制随机分配的效果,因为一组参与者与另一组的非常相似,这将有助于研究者获得无偏的处理效应。然而,我们可能并不总是能看到这样的分布,尤其是在使用与选择强相关的多个协变量时。有时,我们发现处理组的倾向性评分高于对照组。因此,在某些情况下,我们可能需要通过扩大对照组的倾向性评分变化范围来改善共同支持,这可以通过提高对照组中与处理组配对的参与者比例来实现。

检验共同支持有几种方法,例如:(1)视觉检查倾向性评分分布;(2)比较每个组的倾向性评分的最小值和最大值;(3)使用修剪方法;(4)运行推断性测试以确定分布是否显著不同;(5)估计倾向性评分的均值差异。

在第一种方法中,研究者可以简单地为处理组和对照组绘制倾向性评分分布图,并直观地检查它们的重叠程度(Bai,2013;Shadish,Clark,& Steiner,2008)。这可以通过比较每组倾向性评分的直方图或箱线图来完成。如图 1.1 所示,几乎所有处理组的倾向性评分都在 0.03 到 0.5 之间,而对照组的倾向性评分在 0 到 0.8 之间。因此,共同支持的区域(由分布上方的框表示)在 0.03 到 0.5 之间,而那些倾向性评分高于 0.5 和低于 0.03 的个体则没有可比较的匹配。

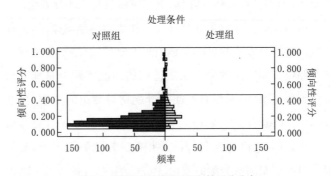

图 1.1　处理组和对照组倾向性评分分布

第二种方法是根据卡利恩多和科派尼希的说法,"删除所有倾向性评分小于对照组最小值和大于处理组最大值的观察值"(Caliendo & Kopeinig,2008:45)。例如,如果处理组倾向性评分范围为 0.03 至 0.9,而对照组倾向性评分范围为 0 至 0.8,则重叠分布(或共同支持)在 0.03 至 0.8 之间。

第三种方法是由史密斯和托德(Smith & Todd,2005)使用的方法,他们确定了在两个分布中都具有正密度的倾向性评分范围。这种方法不仅排除了倾向性评分不重叠的观察值,还删除了在每组中倾向性评分频率较低的情况。例如，假设所有重叠的倾向性评分都在 0.03 至 0.8 之间，但在一组或两组中具有 0.5 至 0.8 倾向性评分的情况非常少。在这种方法中，我们不仅会排除所有倾向性评分大于 0.8 或小于 0.03 的情况，还会删除对照组中倾向性评分大于 0.5 的参与者。同样，如果处理组中倾向性评分为 0.03 至 0.1 的情况非常少，这些情况也将被删除（Caliendo & Kopeinig，2008）。

第四种方法包括使用推断统计量，如独立样本 Kolmogorov-Smirnov 检验（K-S 检验），来确定处理组和对照组倾向性评分的分布是否存在显著差异（Diamond & Sekhon，2013）。两个分布之间存在显著差异表明共同支持不足。然而，我们不推荐使用这种方法，原因同于检验协变量平衡不应使用推断性检验，因为"平衡是观察样本特征，并非某种假设的总体"（Ho，Imai，King，& Stuart，2007：221）。第五种方法中，研究者计算标准化差异分数$[d = (M_T - M_C)/s_p]$，以比较处理组倾向性评分均值（M_T）和对照组倾向性评分均值（M_C）。较小的差异分数（即 $d < 0.5$）表示有良好的共同支持。

遗憾的是，我们仍不清楚充分共同支持由何构成，因为并非所有方法都提供了明确标准。使用图表进行视觉检查，最小值和最大值比较可能为具有共同特征的情况提供明确标准，但我们不知道达到多少，共同支持才是充分的。尽管研究者提供了一些指导方针，但标准并没有被普遍认可。例如，白海岩（Bai，2015）发现，如果至少 75% 的倾向性评分在每个分布中重叠，那么使用倾向性评分匹配最有可能减少选择偏误。如果使用比较标准均值差异的方法，鲁宾（Rubin，

2001)建议,组分布之间的标准化均值差异应小于 0.5。

　　然而,数据分布和用于调整处理效应的特定匹配方法起决定性作用时,确定共同支持的具体方法,以及如何处理共同支持的一般性指导方针可能就并不充分。例如,如果分布呈偏斜或有很多异常值,相比于最小值和最大值比较或标准化均值差异,推断性测试或修剪方法可能会更好地评估共同支持。此外,匹配的具体方法将决定如何处理共同支持的程度。例如,卡尺匹配(见第 3 章)使用具有最佳共同支持(或最接近的倾向性评分匹配)的案例,而分层方法对于可接受匹配的要求更加宽松,对共同支持的要求也更加灵活。重要的是要理解,共同支持的处理方式(或者更重要的是,缺乏共同支持的处理方式)会影响在使用倾向性评分方法时估计处理效应结果的有效性。无论如何评估共同支持,共同支持的定义区域都已确定了哪些案例会留在分析中。例如,那些倾向性评分超出共同支持范围的案例,可能会或可能不会被包括在最终的结果分析中,这取决于所选择的具体的倾向性评分方法。如果采用卡尺匹配的倾向性评分匹配,超出共同支持范围的案例通常会被排除在最终用于估计处理效应的样本之外。虽然限制案例可以改善匹配可比案例的能力,并且可能提高内部效度,但这也会给外部效度和统计结论有效性带来潜在问题。首先,这可能限制我们将研究结果推广到总体的能力。换言之,如果我们删除的案例(即那些很可能被选中接受处理的个体)与留在分析中的案例(即那些与被选入处理组和对照组可能性相同的个体)有系统性差异,那么所选样本可能不再代表其原始总体。其次,删除案例将减少样本量,这可能会影响统计效力。从样本量很大的数据集中排除一些案例并无问题，但是如果从本来就很小的样本中删除一半的案例，可能会导致分析处理效应的统计效力不足。第二类错误和选择偏误一样具有误导性。因此，如果共同支持不足，就不应使用倾向性评分方法。

第4节 | **本章小结**

　　若使用得当,倾向性评分方法可以有效减少观察数据中的选择偏误,并增加统计因果推断的有效性。更具体地说,其可以:(1)利用一个综合评分来控制多个协变量;(2)在作为权重或协变量调整项时,平衡协变量对因果效应估计的影响;(3)创建模拟真实实验设计中的平衡组。在许多情况下,倾向性评分方法比其他用于减少选择偏误的方法更可取。但需要注意的是,为了使倾向性评分起到最好的效果,必须满足本章前面讨论过的条件和假设。下面提供了一个清单,以帮助研究者确定倾向性评分方法是否适合他们的观察研究。假设适合,下一步是学习如何估计和应用倾向性评分。在接下来的章节中,我们将重点介绍倾向性评分方法的实际应用,全书将以实证案例说明如何使用倾向性评分方法。

使用倾向性评分方法检查表

　　☑ 计划研究处理与结果之间的因果关系。

　　☑ 不确定参与者是如何被分配到处理组的。

　　☑ 熟悉理论或经验证据,能够解释为什么参与者可能会选择(或被分配到)处理组。

☑ 可以获得与处理条件和结果变量相关的多个已测协变量。

☑ 可用的协变量集合将包括几乎所有影响因果变量和结果的干扰因素。

☑ 在处理组和对照组之间,倾向性评分分布有足够的重叠。

☑ 每个协变量中几乎没有缺失数据。

☑ 协变量的测量是有效且可靠的。

本章学习问题

1. 什么是组间选择偏误?

2. 什么是倾向性评分?

3. 研究者在什么情况下应该使用倾向性评分方法而不是其他方法来控制选择偏误?

4. 倾向性评分方法如何控制选择偏误?

5. 倾向性评分方法在什么情况下可能无法充分地减少偏误?

第 2 章

协变量选择和倾向性评分估计

　　在前一章中,我们重点关注了适用于倾向性评分方法的
条件和假设。当确定倾向性评分能够为我们的研究和数据
带来益处后,接下来就是创建倾向性评分。为此,我们必须
选择协变量,确定合适的统计模型,并运用统计方法来估计
倾向性评分。因为倾向性评分方法的目的是平衡处理组和
对照组之间协变量的分布,所以我们在为倾向性评分建模时
需要牢记这一目标。由于倾向性评分方法的有效性取决于
协变量的适当程度,本章将讨论如何选择适当的协变量并模
拟其与组别选择之间的关系,从而有效减少选择偏误。在本
章末尾,我们将以"游戏工作坊"数据为例,演示如何为估计
倾向性评分的模型选择协变量。本章第 4 节的第一部分内
容提供了数据的详细描述,课程网站上提供了几个统计软件
包(如 R 和 SPSS)的数据、代码和输出结果。本章结束时,研
究者应该能够充分考量观察性研究中的选择偏误、建模并估
计倾向性评分。

第 1 节 ｜ 协变量选择

协变量选择机制

协变量选择机制是选择倾向性评分模型中协变量时参照的标准。尽管不是所有研究者都遵循相同标准,但研究者普遍认为,协变量选择主要受两个因素指导:(1)能够解释特定变量与处理条件和结果之间的关联及其关联方式的理论框架;(2)潜在协变量与处理条件和结果变量在统计上的相关性。

协变量与处理条件和结果变量的关系

理想情况下,根据反事实理论(Lewis,1973),为评估因果效应,被分配到处理组和对照组的参与者,应在除处理条件外的所有方面完全相同。然而,在实证研究中,更实际也更有必要的做法是,只在可能影响处理效应的干扰因素和变量上平衡各组。因此,在考虑倾向性评分模型的协变量时,我们需要首先评估每个协变量与处理条件和结果变量之间的关系。倾向性评分估计模型的最佳协变量是那些与处理条件和结果变量都相关的协变量。由于倾向性评分的主要目的是模拟参与者与特定处理条件的关系,因此协变量必须能够预测选择。如果协变量在统计上也与结果相关,则表明其会影响结果。与条件和结果都有关系的变量才会导致偏误,因此,这类变量被认为是不可忽略的,必须纳入倾向性评分模型才能充分考虑偏误(详见第 1 章第 3 节)。然而,协变量不一定要同时与处理条件和结果变量都相关才能被纳入倾向性评分模型,只对其中一个变量有影响的协变量也可能被纳入模型。

如果一个协变量与结果变量相关,但与处理条件无关,那么它仍然会影响结果估计,需要被纳入倾向性评分模型(Brookhart et al.,2006;Rubin & Thomas,1996)。例如,假设我们想评估一项侧重于特定技术技能的工作培训计划对提高员工完成工作自我胜任能力的影响。我们发现,员工的技术技能会影响他们的自我胜任能力,同时主管对员工工作的表扬频率也会影响他们的自我胜任能力。假设主管的表扬并非培训的一部分,那么主管的表扬就可能会干扰估计的处理效应。换言之,对照组员工从其主管那里获得的表扬,可能与培训项目中员工获得的表扬数量不同。因此,组间自我胜任能力的差异不仅取决于他们是否参加了培训项目,还取决于他们受到表扬的程度。因此,必须平衡培训组和对照组之间的表扬频率,才能对自我胜任能力产生无偏的影响。在这个例子中,尽管表扬与处理条件无关,但仍有必要将表扬作为协变量纳入倾向性评分估计模型。

当一个变量与处理条件相关,但与结果变量无关时,是否将该变量纳入倾向性评分估计模型取决于潜在协变量与处理条件之间关系的性质(Brookhart et al.,2006)。如果协变量对处理有影响,则应将其纳入模型,因为其仍可能间接改变处理效应。例如,假设一位心理学家采用认知行为疗法

(CBT)来治疗社交焦虑症,她意识到客户的自我理解会影响他们的治疗体验。虽然自我理解与社交焦虑症没有直接关联(例如,社交焦虑症患者的自我理解能力可能很弱,也可能很强),但自我理解能力强的求助者,通常比自我理解能力差的求助者对认知行为疗法的反应更好。在这种情况下,自我理解会影响治疗体验,也就是说,治疗效果可能会因求助者的自我理解程度不同而不同。因此,在估算倾向性评分时,应将自我理解作为一个协变量。如果协变量与处理条件有关,但对处理没有影响(且与结果变量无关),则不应将其纳入模型。在前面例子的基础上,假设认知行为疗法也被用于治疗饮食失调症,但饮食失调症与社交焦虑症无关。认知行为疗法可以减轻饮食失调症和社交焦虑症的症状,但这两种失调症的症状之间并无关联。在这种情况下,饮食失调症既不会影响认知行为疗法的治疗效果,也不会影响其对社交焦虑症的治疗效果。如果两者的时间关系是:认知行为疗法影响饮食失调的症状,但饮食失调症状不影响认知行为疗法,那么就没有必要将饮食失调症作为协变量。事实上,将饮食失调症状纳入倾向性评分模型可能会带来不利影响,因为这可能会增加估计误差,还会妨碍真正干扰因素的群体平衡。虽然纳入仅与处理条件相关的变量可能是有益的,但这取决于该变量是否会影响处理。如果变量确实影响处理,就应将其作为协变量纳入倾向性评分估计模型,反之,则不应纳入。

协变量选择的理论基础

上述三种协变量的选择都离不开理论基础或现有证据

的支持。因此,研究者应该以理论或以往的研究为参考,确定哪些干扰因素或变量与处理变量和结果变量存在关联。在为倾向性评分估计模型选择协变量时,首先要对文献进行全面回顾。按照选择协变量的传统做法,使用倾向性评分的研究者应参考现有文献,为确定干扰变量提供理论依据。与传统的协变量调整类似,我们也在寻找那些有文献支持的、需要在统计模型中加以控制的协变量,这样我们就可以剔除这些变量的影响,从而获得更好的处理效应估计值。传统的协方差分析和倾向性评分方法的目的都是一样的:提高结果估计的准确性。然而,倾向性评分建模与传统协方差调整在对变量进行建模的方式上存在差异。在为传统的协变量调整(即多元回归或方差分析)选择协变量时,研究者所能选用的协变量数量可能会受到限制,因为每增加一个协变量就会减少模型可用的自由度和推断检验的统计效力。而倾向性评分是将许多协变量合并为一个评分,因此没有必要限制倾向性评分模型中可包含的协变量数量。虽然我们并不提倡纳入所有可用的协变量,但也不要因为担心协变量过多而排除必要的协变量。只要协变量是适当的,倾向性评分估计模型中包含的协变量越多,应用倾向性评分方法后各组之间就越有可能达到平衡(Rosenbaum & Rubin, 1985)。

此外,需要牢记的是传统的协变量分析只在分析层面处理干扰因素,而倾向性评分方法则在设计层面(有时在设计和分析两个层面)处理这些变量。与前者相比,后者有两个优点。首先,倾向性评分模型根据协变量与处理分配的关系建立,而不是在统计模型中直接控制协变量,这会使分组更类似于随机实验设计(Rosenbaum & Rubin, 1985)。其次,倾向性评分模型允许研究者在消除设计层面的选择偏误后，为处理估计选择简洁的统计模型。因此，研究者在现有文献中寻找合适的协变量时，需要考虑哪些因素会影响处理分配以及哪些因素会影响结果。

确定适当协变量的程序

确定协变量库

在查阅文献时，了解如何确定哪些变量可作为适当的协变量至关重要。现有的研究和理论始终是帮助我们识别上一节所述的正确干扰变量的首要资源。例如，当我们研究大学类型（即公立还是私立）如何影响毕业率时，我们需要控制以下因素：(1)影响学生对大学的选择的因素；(2)关系到学生完成学业的概率的因素。大量文献表明，许多影响学生毕业率的因素也会影响他们对大学的选择。这些因素包括学生的学业准备情况，如 SAT、ACT 或等效的成绩（Hernandez，2000）；经济状况，如父母的收入、是否有学生贷款、是否有资格获得奖学金（Nora，2001；Tinto，1994）；学校环境，如宗教信仰或种族多样性（Lane，2002）。鉴于所有这些变量都与学生是否选择进入大学以及是否按时毕业直接相关，因此应考虑将其纳入倾向性评分估计模型。

考虑研究情况

为了回答研究问题，研究者通常会面临两种常见的研究情境：通过设计研究并按照设计收集数据来开展研究；使用我们现有的或二手数据来开展研究。每种情况下选择协变量的机制略有不同。在一开始设计研究时，研究者应收集文献中建议的所有可能的协变量数据。对于使用二手数据的研究,研究者应考虑并评估所有可用的协变量,以便将其纳入倾向性评分模型。虽然我们只能纳入可用的变量,但仍有必要识别那些无法获得但仍可能对选择偏误产生一定影响的变量(例如,文献表明父母的收入会影响选择偏误,但研究者并不掌握父母的收入信息)。不将这些变量纳入模型会违反可忽略处理分配假设(见第1章第3节的第一部分内容),也限制了我们在估计处理效应时发现的结果。在获得这两种研究情况下的协变量数据后,应按照以下步骤确定最终纳入倾向性评分估计模型的协变量。

初步统计评估

我们假设,在回顾相关文献后,我们将确定所有需要纳入倾向性评分模型的协变量以及那些应被排除在外的协变量(例如,那些既对处理条件无影响,又与结果无关的协变量)。在实际操作中,我们首先需要检验协变量与结果变量以及处理条件之间的相关性。如果该相关性对于结果和处理条件在统计学上均显著,那么就应考虑将其纳入用于估计倾向性评分模型的协变量集合(Brookhart et al.,2006)。其次,我们需要仔细检验那些仅与结果变量显著相关的变量。如果相关性显著,我们就需要将该变量纳入倾向性评分估计模型。最后,如果变量会改变处理条件,那么就应将其纳入估计模型。

共线性和过度校正

协变量之间的共线性和过度校正协变量是协变量选择

中经常被忽视的问题。首先,倾向性评分模型中的协变量多重共线性问题与推理统计测试中的问题类似。如果倾向性评分模型中的协变量高度相关,则只需包含对倾向性评分估计模型有独特贡献的协变量,以平衡所有高度相关协变量的组分布。在择校的例子中,学生家庭的收入和学习时间密切相关。因此,在倾向性评分模型中只包含这两个变量中的一个变量,与同时包含这两个变量一样,都能实现组间协变量的平衡。也就是说,如果我们在模型中只包含家庭收入这一个变量,那么就能平衡各组的家庭收入,同时也会平衡学生的学习时间,尽管这个变量并没有被包含在倾向性评分模型中。

另一个潜在的问题是过度校正,即在采用倾向性评分方法后,某一特定协变量在组间的平衡程度低于采用该方法前的平衡程度。在许多观察性研究中,有些变量已经平衡或偏误较小,无需进行任何调整。然而,当根据所有可用协变量估算倾向性评分时,那些已经平衡的协变量可能会与模型中的其他协变量一起进行调整。在这种情况下,原本已经平衡的单个协变量现在可能会出现偏误(Bai,2013;Hirano & Imbens,2001;Stone & Tang,2013)。因此,在选择纳入倾向性评分模型的协变量时,我们需要考虑这些协变量如何共同发挥作用,及协变量与处理条件和结果之间的单独关系。

第 2 节 | 倾向性评分估计

当罗森鲍姆和鲁宾首次引入倾向性评分时,他们建议使用"适当的 logit 模型(Cox,1970)或判别得分"(Rosenbaum & Rubin,1983:47)来估计倾向性评分,因为真正的倾向性评分通常是未知的。在实践中,可以使用 logistic 回归、判别函数分析、分类和回归树或神经网络来估计倾向性评分。其中,logistic 回归是最常用的方法,因为用它平衡协变量是相对简单且有效的。基于树的方法,如分类树和回归树,也是研究者常用的方法(Westreich, Lessler, & Funk,2010),这两种方法通常被用于创建多个模型,然后在集成方法中,将这些模型进行平均计算。

logistic 回归

logistic 回归是一种二元逻辑分析,通过回归模型估计二元因变量。与普通最小二乘法回归一样,logistic 回归既可用于连续预测变量,也可用于分类预测变量,因此它比多向频数分析或聚类分析更具通用性。虽然 logistic 回归可以轻松地通过普通最小二乘或加权最小二乘法来适应只有分类预测变量的情况,但在包括连续预测变量时,必须使用最大似

然法(Allison，2012)。利用这种方法，预测变量的估计系数是
那些最有可能预测样本中因变量观测结果值的系数(Pampel，
2000)。

在使用 logistic 回归估计倾向性评分时，所有观察到的
协变量都同时作为预测变量被纳入模型，以预测处理或分配
条件。处理变量必须是二分变量，通常编码为 0，表示比较或
控制条件，编码为 1 则表示处理条件。协变量可以是连续
的，也可以是分类的。但是，如果分类变量的级别超过两个，
则需要将其重新编码为虚拟变量。与普通最小二乘法回归
一样，根据每个协变量的估计系数建立回归方程。根据回归
方程估算出的预测概率就是倾向性评分。每个倾向性评分
的范围从 0 到 1，用于估计参与者进入特定组别(通常是处理
组)的概率。因此，倾向性评分接近 0 表示参与者具有对照
组或控制组参与者的特征，而倾向性评分接近 1 表示参与者
具有处理组特征，倾向性评分相同的案例具有共同的特征。

借鉴第 1 章的例子，假设我们有兴趣研究父母对子女学
业成绩的期望是否会影响学生的数学成绩。假设我们想要
将性别、社会经济地位和数学自信值作为协变量。在这种情
况下使用 logistic 回归，我们将创建倾向性评分，该评分能模
拟协变量如何预测父母的期望。

回归方程如下：

$$u = \beta_0 + \beta_1 X_{1i} + \beta_2 X_{2i} + \beta_3 X_{3i} \tag{2.1}$$

其中，u 是 logistic 回归的 logit 模型，它是结果发生比值
(odds)的对数与预测变量值的线性函数。在本例中，β_0 是常
数；β_1、β_2 和 β_3 是回归权重，代表每个协变量与家长期望水

平之间的关系强度；X_{1i}、X_{2i}和X_{3i}分别是每个学生的性别、社会经济地位和数学自信值。如果 logistic 回归得出的回归系数结果为 $\beta_0 = -0.87$，$\beta_1 = 0.46$，$\beta_2 = 1.19$，$\beta_3 = 0.29$，回归结果则为：

$$u = -0.87 + 0.46X_{1i} + 1.19X_{2i} + 0.29X_{3i}$$

那么个别学生的倾向性评分将基于方程 2.2：

$$\hat{e}(X_i) = \frac{1}{1 + e^{-(-0.87 + 0.46X_{1i} + 1.19X_{2i} + 0.29X_{3i})}} \quad (2.2)$$

其中，$e(X_i)$为特定学生的倾向性评分或预测概率，即他们的父母对其有较高期望的可能性。

表 2.1 展示了三位学生基于其协变量数值的倾向性评分示例。由于第一位学生阿尔贝托的得分很高，他的父母很可能对其有很高的学术期望，而卡梅伦的父母很可能对他的期望较低。由于比安卡的倾向性评分接近 0.5，父母对她的期望值高和期望值低的可能性相同。

表 2.1　估计倾向性评分和协变量的示例

学　生	性别	社会经济地位	数学自信值	倾向性评分
阿尔贝托	0	1	3.7	0.8
比安卡	1	0	1.4	0.5
卡梅伦	0	0	0.1	0.3

基于树的方法

决策树方法，又称递归分割法，是一种非参数统计方法，它让研究者能够根据多个协变量的相似性将参与者分组。

根据描述预测变量和因变量之间关系的决策规则，可以使用各种方式分割数据以形成群组。这种方法与 logistic 回归类似，连续预测变量和分类预测变量都可以使用，得出的值是参与者被分到一组而非另一组的概率。分类和回归树（CART）程序会"按照预先确定的分割标准，考察每个预测变量针对因变量"生成两个显著不同样本的能力（Lemon, Roy, Clark, Friedmann, & Rakowski, 2003：173）。该方法首先使用能产生最显著拆分结果的预测变量。根据影响第二大的预测变量对数据进行第二次拆分，然后根据其余预测变量进行后续拆分。拆分结果是一个树状结构，其中包含一系列代表样本每个分割的层次分支。为了避免将模型过度拟合特定数据集，可以对分类树进行"修剪"，从而限制分割的数量。在创建倾向性评分的过程中，研究者在每个分割点或节点都会估算出属于处理组的概率。因此，末端分支代表的是具有一定分配概率的参与者小组，也就是倾向性评分。因此，许多参与者可能会有相同的倾向性评分，而使用 logistic 回归估计时，出现这种情况的可能性较小。当使用某些类型的倾向性评分方法时，例如完全匹配或分层，可能比 logistic 回归更有优势，我们将在第 3 章讨论这一点。

集成方法

集成方法使用现有的倾向性评分估计器，但会根据协变量或参与者的子集创建多个倾向性评分模型，然后将这些模型进行平均，创建一个单一、稳定的模型。Bootstrap 聚合法，也称作装袋法，是对一系列 Bootstrap 样本中许多分类树的结果进行平均的方法（Lee，Lessler，& Stuart，2010）。在此过程中，从可用数据集中随机抽取（替换）一定数量的参与者，使用 CART 方法估计倾向性评分。由于 CART 会根据因变量的相对强度自动选择协变量（及其在模型中的使用顺序），因此参与者和协变量都会有所不同。未抽样的案例将用于交叉验证估计模型（Luellen，Shadish & Clark 2005）。为每个 Bootstrap 样本估算一个单独的分类树，然后将得到的分类树汇总，为每个参与者创建一个单一的倾向性评分。随机森林与装袋法类似，不同之处只是它会随机选择在每个模型中测试的协变量。使用这种方法，研究者不会指定模型中的具体预测变量。

与随机森林一样，机器学习也使用一系列分类方程，这些方程并非基于先验模型，而是通过测试可用数据来确定最佳模型拟合。不过，有些计算机程序不是随机选择协变量，而是通过反复测试各种变量组合来创建更好的分类和预测模型（Lee et al.，2010；Linden & Yarnold，2016；Westreich et al.，2010）。因此，每个后续模型将比先前的模型更好地拟合数据。这种迭代过程一直持续到分类模型能从可用的预测变量中充分预测因变量为止。

增强建模（boosted modeling）（有时也称为元分类）是将使用不同协变量组合创建的多个倾向性评分模型进行平均。每个模型都根据其预测分配条件的能力加权，然后汇总形成一个单一、稳定的模型。有别于装袋法，此法对每个模型都使用原始样本中的所有可用案例，并根据案例的分类难度加权。当与机器学习一起使用时，后面的模型会获得更高的权重，因为其通常比前面的模型更好。每个预测模型都可以用

logistic 回归或分类树来估计(Lee et al.，2010)。

哪种方法最好

虽然 logistic 回归的倾向性评分估计通常表现良好，但其他方法也很有效，在某些条件下可能比 logistic 回归更好地减少偏误(Lee et al.，2010；Luellen et al.，2005；Setoguchi，Schneeweiss，Brookhart，Glynn，& Cook，2008；Stone & Tang，2013)。例如，当根据倾向性评分进行匹配或分层时，在引导样本少于 100 个的情况下，logistic 回归往往能比 CART、增强建模或装袋法生成更好的倾向性评分(Luellen et al.，2005；Stone & Tang，2013)。然而，增强建模通常是创建加权倾向性评分的最佳方法(Lee et al.，2010；Stone & Tang，2013)。根据所使用的特定模型，CART 估计值会有很大差异。因此，在使用 CART 时，应避免对分类树进行"修剪"，而应将其与随机森林或增强建模一起使用(Lee et al.，2010；Setoguchi et al.，2008)。遗憾的是，研究者很难预测对于任何给定的数据集来说哪个倾向性评分估计器最好，因为结果取决于倾向性评分方法(即加权、分层、匹配)。如果存疑，可以选择 logistic 回归、CART(无修剪)和增强建模。三种方法中，logistic 回归最易使用，这也是其在实证研究和方法论研究中广受欢迎的原因。不过，如果发现使用 logistic 回归或 CART 进行单一倾向性评分估计不够充分，那么增强建模这种方法可能值得研究者付出额外的努力。

第 3 节 | **本章小结**

要使倾向性评分方法有效地减少选择偏误,倾向性评分本身必须是好的。这就要求我们为倾向性评分模型选择适当的协变量并为其建模,使倾向性评分的分布能够准确反映协变量的分布。选择协变量时,必须考虑其与处理条件和结果变量之间的关系。除了在倾向性评分模型中包含线性协变量外,还可以包含非线性变量和协变量之间的相互作用。尽管与模型中选择的协变量相比,考虑哪种统计算法能从这些协变量中估算出最佳倾向性评分可能并不那么关键,但这一点也很重要。虽然有些算法对某些调整方法的效果优于其他算法,但 logistic 回归和增强建模通常对大多数数据集都很有效。

第 4 节 │ 示例

在本节中,我们提供了"游戏工作坊"数据的描述,用于演示我们在第 2 章、第 3 章和第 4 章中讲解的内容,并演示如何为倾向性评分估计模型选择协变量,以及最常用的倾向性评分估计方法。在此,我们仅提供了用于选择倾向性评分模型协变量的统计数据。使用统计软件(如 R、STATA、SAS 和 SPSS)获得这些结果的具体步骤详见配套网站 study. sagepub.com/researchmethods/qass/bai&clark。

数据说明

本书用于演示倾向性评分方法的数据集是校际政治与社会研究联合会公开数据的子集(ICPSR 35683)。这些数据来自美国六个城市的四年级和五年级学生,是"游戏工作坊"干预项目的一部分。用于收集数据的调查测量了学生对学校氛围、冲突解决、学习和成绩、课间活动体验以及与成人和同伴关系的看法。本书所选实例的数据子集包括 991 个案例和 18 个变量(见表 2.2)。变量包括一个分组变量(自变量)(处理组与对照组)、一个结果变量(因变量)和 16 个协变量。处理组($n = 147$)被分配到"游戏工作坊"项目中,在该项

表 2.2 "游戏工作坊"数据集中选定用于演示的变量

范　畴	构　念	变量名称（等级）
处理条件（自变量）	"游戏工作坊"任务布置	S_TREATMENT（对照组＝0，处理组＝1）
结果变量（因变量）	学生报告的课间活动安全感	S_CLIMATE_RECESSSAFETY
协变量		
人口统计学特征	学生性别	s_gender（女性＝0，男性＝1）
	学生成绩	s_grade（四年级＝4，五年级＝5）
对学校氛围的看法	视学校为社区	S_CLIMATE_COMMUNITY
	学生报告的在校安全感	S_CLIMATE_SCHOOLSAFETY
冲突解决	攻击性行为	S_CONFLICTRES_AGGRESSIVE
	与其他学生的关系	S_CONFLICTRES_RELATIONSH
	关于攻击行为的规范观念	S_CONFLICTRES_AGGBELIEF
学习、成绩和课堂行为	课间活动对课堂行为对课间活动的影响	S_LEARNING_RECESSEFFECT
	运动、游戏和玩耍对课间活动的影响	S_LEARNING_SPORTSEFFECT
	对学习的投入与不投入	S_LEARNING_ENGAGEMENT
	课间休息时参加有组织游戏活动	S_RECESS_ORGANIZED
	课间活动的乐趣	S_RECESS_ENJOYMENT
青少年发展	在学校与成人的互动	S_YOUTHDEV_INTERACTIONS
	同伴交往的自我效能感：冲突	S_YOUTHDEV_PEERCONFLI
	同伴交往的自我效能感：无冲突	S_YOUTHDEV_PEERNONCONFLICT
体育活动与健康	体育活动自我概念	S_PHYSICAL_SELFCONCEPT

目中,小学课间活动教练为鼓励参与和解决冲突的各类活动提供指导。对照组($n=844$)延续现有课间活动,未接受干预处理。尽管"游戏工作坊"评估最初是作为一项分组随机试验设计的,但我们使用的数据子集将模仿非随机研究。我们想指出的是,由于案例选择仅出于演示目的,这些数据对于有关"游戏工作坊"项目任何实质性研究问题的经验价值都是有限的。

协变量选择

正如我们在本章的第 1 节中所述,一旦我们获得了文献中认为与处理条件和结果相关的协变量,我们就可以使用统计方法来验证这些关系。尽管使用推理统计进行初步检验可能会有所帮助,但最终决定将哪些协变量纳入倾向性评分模型时,应基于标准化偏误或效应大小的测量。作为初步参考,统计检验(如连续协变量的 t 检验和分类协变量的卡方检验)可用于比较组间差异。相关性可用来检验协变量与连续结果之间的关系。通常情况下,协变量与结果之间的相关性大于 0.1 表示协变量与结果之间足够相关,而效应值(如科恩 d 值)大于 0.05 或 0.1 则表示两个比较组之间的协变量分布不平衡。利用"游戏工作坊"数据,表 2.3 显示了所有 16 个协变量与处理条件和结果之间的关系。正如所看到的,根据科恩 d 值,除了 3 个协变量(S_CONFLICTRES_AGRESSIVE、s_gender 和 s_grade,以粗体标出)之外,其他所有协变量都存在偏差,但当我们进行推论检验时,只有 7 个协变量在处

理条件之间存在显著差异。根据更保守的科恩 d 值＜0.05
的标准，我们得出结论：有 13 个协变量存在偏差，会影响处
理效应。然而，尽管这些协变量最初是平衡的，但有可能在
匹配数据样本中变得不平衡，进而影响处理估计结果。因
此，我们需要检验倾向性评分调整后所有协变量的平衡
状态。

　　接下来，我们检查协变量与结果变量（S_CLIMATE_
RECESSSAFETY）之间的相关性。在连续协变量中，我们发
现变量 S_YOUTHDEV_PEERCONFLICT 和变量 S_
YOUTHDEV_PEERNONCONFLICT 都与结果无关，但与
处理条件有关。这种情况下，最好假设这两个变量可能会作
用于"游戏工作坊"项目对学生安全感的影响，因此，我们选
择在倾向性评分估计模型中纳入这两个变量。虽然变量 S_
CONFLICTRES_AGGRESSIVE 与两个处理条件的关系较
弱，但它与结果变量的相关性很强，相关系数的值达到了
0.51。在这种情况下，将这一协变量纳入倾向性评分模型可
能是有益的，因为我们可以在倾向性评分模型中纳入的协变
量数量是没有限制的（Rosenbaum & Rubin，1983），而且考
虑攻击性行为可能会更大程度地减少偏误。

　　另一方面，变量 s_gender 和 s_grade 这两个分类协变量
与学生在课间活动中的安全感无关。由于这些协变量与结
果变量或处理条件都不相关，我们通常会将它们排除在倾向
性评分估计模型之外。然而，为了演示如何在倾向性评分模
型中使用连续变量和分类变量，我们将在本章及第 3 章和第
4 章呈现的示例中采用这两种变量。

表 2.3　协变量与结果变量和处理条件之间的关系

	结果变量[a]		处理条件[b]		
	r	χ^2/t	df	p（双尾检验）	d^c
1 s_gender	0.05	0.10^e	1	0.75	**0.03**
2 s_grade	0.02	0.06^e	1	0.80	**0.02**
3 S_CLIMATE_COMMUNITY	0.55	7.96	808.40^d	<0.001	0.36
4 S_CLIMATE_SCHOOLSAFETY	0.79	1.95	989	0.052	0.17
5 **S_CONFLICTRES_ AGGRESSIVE**	0.51	-0.73	526.09^d	0.464	**0.04**
6 S_CONFLICTRES_ RELATIONSHIPS	0.45	-1.43	989	0.153	0.13
7 S_CONFLICTRES_AGGBELIEF	0.48	-0.82	989	0.410	0.07
8 S_LEARNING_RECESSEFFECT	0.30	3.92	669.62^d	<0.001	0.19
9 S_LEARNING_SPORTSEFFECT	0.33	2.63	320.32^d	0.009	0.16
10 S_LEARNING_ENGAGEMENT	0.39	1.62	989	0.105	0.15
11 S_RECESS_ORGANIZED	0.11	3.29	451.28^d	0.001	0.18
12 S_RECESS_ENJOYMENT	0.20	1.82	718.75^d	0.068	0.08
13 S_YOUTHDEV_INTERACTIONS	0.10	3.40	606.96^d	0.001	0.17
14 S_YOUTHDEV_PEERCONFLICT	-0.01	2.67	989	0.008	0.24
15 S_YOUTHDEV_ PEERNONCONFLICT	0.06	4.78	581.64^d	<0.001	0.24
16 S_PHYSICAL_SELFCONCEPT	0.10	0.97	989	0.332	0.09

注：a. S _ CLIMATE _ RECESSSAFETY；b. S _ TREATMENT；c. 科恩 d 值；d. 方差不相等时调整自由度（df）；e＝χ^2。

倾向性评分估计

在确定哪些协变量最有可能导致选择偏误后，我们可以通过使用本章第 2 节中描述的模型，在预测模型中对这些协变量进行建模来估计倾向性评分。尽管我们在本书的网站上演示了如何使用分类树和广义增强建模（GBM）来估计倾向性评分,但此处我们使用 logistic(或 logit)模型来演示如何估计倾向性评分,因为这种模型的使用更为频繁。

使用 logit 模型估计倾向性评分

几乎所有的统计软件都可以用来运行 logistic 模型。使用 logistic(或 logit)模型估计倾向性评分时,表示处理条件(如"游戏工作坊"数据集中的变量 S_TREATMENT)的分组变量(自变量)必须是二元变量(只有两个类别)。

尽管我们使用结果变量来决定使用哪些协变量,但不应将结果变量纳入倾向性评分估计模型,因为倾向性评分的估计应独立于结果变量。因此,我们运行了一个 logistic 回归,将参与"游戏工作坊"项目(变量 S_TREATMENT)作为因变量,将所有协变量(表 2.4 中从第 4 列到第 19 列)作为预测变量。每个案例(学生)参加"游戏工作坊"项目的预测概率就是倾向性评分。一般来说,在使用专门用于计算倾向性评分的分析选项时,每个案例的估计得分都会生成并保存在原始数据文件的末尾。表 2.4 包含了我们示例中使用的一个数据子集,以说明倾向性评分模型中使用的变量值和由此产生的倾向性评分(第 20 列:倾向性评分)。由该表可见,学生(student_id)2273 的倾向性评分为 0.046,这是一个代表第 4 列至第 19 列中所有 16 个协变量的综合得分。估计的倾向性评分 0.046 意味着,根据观察到的特征(即 1 个协变量的值),实际处于对照组的学生 2273 被分配到处理组的可能性为 4.6%。

现在我们有了样本的倾向性评分,可以用其评估处理组和对照组之间协变量分布的总体偏误,并实施调整方法。

表 2.4 基于个案中协变量值估计倾向性评分示例

1	2	3	4	5	6	7	8	9	10	11	12	13	14	15	16	17	18	19	20
student_id	S_TREATMENT	S_CLIMATE_RECESSSAFETY	s_gender	s_grade	S_CLIMATE_COMMUNITY	S_CLIMATE_SCHOOLSAFETY	S_CONFLICTRES_AGGRESSIVE	S_CONFLICTRES_RELATIONSHIPS	S_CONFLICTRES_AGGBELIEF	S_LEARNING_RECESSEFFECT	S_LEARNING_SPORTSEFFECT	S_LEARNING_ENGAGEMENT	S_RECESS_ORGANIZED	S_RECESS_ENJOYMENT	S_YOUTHDEV_INTERACTIONS	S_YOUTHDEV_PEERCONFLICT	S_YOUTHDEV_PEERNONCONFLICT	S_PHYSICAL_SELFCONCEPT	倾向性评分
2273	0	2.00	1	5	1.92	2.00	1.00	2.00	1.00	2.67	1.00	3.80	0.00	3.71	3.83	1.13	3.25	1.09	0.046
3973	1	2.75	0	4	2.77	2.25	1.50	3.33	2.38	1.67	2.67	3.50	2.50	3.86	3.83	2.25	2.00	1.82	0.094
5133	0	1.75	1	4	3.15	1.50	1.00	3.00	2.13	2.00	1.00	3.70	2.33	3.86	3.17	2.00	1.50	1.64	0.159
9834	0	1.75	0	4	2.92	1.75	1.67	3.67	1.57	3.00	3.00	2.70	2.00	3.71	3.33	1.63	1.25	2.00	0.133
13273	0	3.75	0	5	3.62	3.50	1.33	4.00	1.00	4.00	3.33	3.60	2.33	4.00	3.67	1.00	1.25	1.91	0.303
14973	1	3.00	1	5	3.31	2.00	2.17	2.33	1.88	1.67	2.67	2.80	1.67	3.71	3.50	2.38	2.00	1.55	0.279
16414	0	3.50	1	4	3.15	3.75	1.33	3.33	1.63	2.00	3.00	2.60	2.00	3.29	3.17	2.50	2.00	1.82	0.247
17974	1	2.75	1	5	2.92	2.50	1.00	3.00	1.75	2.33	2.00	3.00	1.67	2.71	2.50	2.75	2.00	1.27	0.203
18814	0	4.00	1	4	2.38	2.50	1.00	2.33	1.00	1.67	1.33	3.40	0.83	2.71	3.00	4.00	2.25	1.45	0.124
19444	0	2.00	0	5	2.33	1.75	1.00	—9.00	1.00	2.00	2.00	4.00	2.00	3.43	3.67	2.33	1.50	1.80	0.573

将协变量纳入倾向性评分模型检查表

☑ 协变量与处理条件和结果变量均相关。

☑ 协变量与结果变量相关,但与处理条件无关。

☑ 协变量与处理条件有关,是在处理前测量(或表现出来)的,对处理有影响。

本章学习问题

1. 研究者在选择包含在倾向性评分模型中的协变量时应考虑哪些标准?

2. 使用一年级研讨会(First Year Seminar)数据集(位于 study. sagepub. com/researchmethods/qass/bai&clark),在可用的协变量中,哪些协变量与处理条件(变量 Univ101)和结果变量(变量 FirstYrGPA 和 EnrollYr2)的关系最密切?

3. 在尝试估计一年级研讨会对学业成绩的影响时,还有哪些在数据集中没有的潜在协变量可能会影响选择偏误?

4. 用 logistic 回归法估计一年级研讨会数据集中的倾向性评分,依据以下条件:

(1) 仅与处理条件(Univ101)显著相关($p < 0.05$)的协变量;

(2) 仅与大学成绩(CollGPA)有显著关系的协变量;

(3) 与处理条件和大学成绩均有显著相关性的协变量;

(4) 与处理条件或大学成绩有显著关系的协变量。

5. 从一年级研讨会的数据中,利用所有与处理条件和大学成绩显著相关的协变量,使用下列方法估计倾向性评分:

(1) 分类树法;

(2) 广义增强建模。

这两类方法得出的倾向性评分有何不同? 它们与第 4 个问题中的条件(4)所得的倾向性评分不同吗?

第 **3** 章

倾向性评分调整方法

　　到目前为止,我们已经讨论了何时使用倾向性评分方法以及如何估算倾向性评分。一旦创建了倾向性评分,研究者就需要知道如何使用。我们进行倾向性评分调整的常用方法有四种:匹配、分层、加权和协变量调整。本章将逐一介绍这些调整方法及其如何减少选择偏误。为了演示如何使用这些调整方法,我们将继续以"游戏工作坊"数据为例。在本章的最后,我们将介绍两种匹配方法的结果。课程网站提供了这些匹配方法以及其他类型调整方法的程序代码、输出结果和解释。通过本章的学习,你能够熟悉各种倾向性评分调整方法,了解如何根据具体的研究设计、数据集和倾向性评分分布选择最合适的方法。

第 1 节 ｜ **倾向性评分匹配**

　　倾向性评分匹配方法根据倾向性评分接近程度，将处理组与对照组或比较组的个案配对或分组。在此过程中，倾向性评分是一个向量，可作为匹配变量。匹配的个案会生成一个新的数据集（从原始样本中选取），该数据集的倾向性评分和组间协变量分布相似。倾向性评分匹配是社会科学、教育和医学研究中最常用的倾向性评分方法。与选择合适的统计方法来计算倾向性评分一样（参见第 2 章），出于类似原因，选择合适的配对方法或调整技术也具有挑战性。倾向性评分匹配方法在减少选择偏误的程度方面存在显著差异，而且这些差异还可能取决于倾向性评分的分布情况。本章第一部分介绍了最常用的倾向性评分匹配方法，以及这些方法在实践中何时最有效。

倾向性评分匹配类型

　　与所有倾向性评分方法一样，倾向性评分匹配也是通过平衡处理组和对照组或比较组的观测协变量（与处理和结果相关）来提高内部效度。然而，匹配并非倾向性评分方法所独有。早在罗森鲍姆和鲁宾于 1983 年引入倾向性评分之前，人们就已经使用这种方法来改进观察研究中的因果推断。虽然精确匹配和马氏距离匹配（Mahalanobis matching）可以通过单个协变量完成,但倾向性评分匹配解决了影响这些经典匹配算法的维度问题(Guo & Fraser, 2015)。此外,在根据单个协变量进行匹配时,往往无法在影响选择偏误的所有协变量上平衡处理组和非处理组。使用单一评分（如倾向性评分）更容易从对照组中为每个处理案例或处理组找到一个良好的匹配对象(Rosenbaum & Rubin, 1983)。有多种匹配方法,可以用匹配类型来概括(Bai, 2013),如图 3.1 所示。在类型图中,匹配方法分为三类:传统匹配、贪婪匹配和复杂匹配。一般来说,贪婪匹配方法不会针对全部待选案例计算匹配对间的倾向性评分的全局距离,与之不同的是,复杂匹配方法会将所选案例中匹配对间的倾向性评分的全局距离降到最低。图 3.1 中的匹配类型为比较和选择最合适的匹配方法提供了指导。虽然图 3.1 包含了 12 种倾向性评分匹配方法,但我们只关注最有效和最常用的方法:近邻匹配法、卡尺匹配法、最优匹配法和完全匹配法。

贪婪匹配

近邻匹配

近邻匹配法是将处理组的每个案例(i)与对照组或比较组的案例(j)进行匹配,匹配的依据是两组案例倾向性评分之间的最近绝对距离 $d(i, j) = |1(X_i) - 1(X_j)|$。进行近邻匹配有几种方法。我们可以将处理组中的案例与对照组中的近邻案例进行匹配,方法是将两组的倾向性评分从大到小或从小到大进行排序,或者将案例按随机顺序进行匹配。例

如,处理组的倾向性评分分别为 0.62、0.74、0.58 和 0.85,对照组的倾向性评分分别为 0.60、0.36、0.80、0.74、0.54 和 0.34。在这个例子中,为了使用不放回的近邻匹配,我们应该首先将两组倾向性评分从大到小排列:处理组为[0.85,0.74,0.62,0.58],对照组为[0.80,0.74,0.60,0.54,0.36,0.34],也可以从小到大排列。接下来,我们从处理组中倾向性评分为 0.85 的第一个案例开始,找出对照组中倾向性评分最接近 0.85 的案例,即 0.80。然后,我们将它们作为配对[0.85,0.80]纳入匹配样本。我们按照同样的方法在处理组中为第二个倾向性评分为 0.74 的案例寻找匹配样本。由于处理组中与 0.74 最接近的数字是对照组中的 0.74,因此第二对数字是[0.74,0.74]。用同样的方法,我们可以找到剩下的一对,即[0.62,0.60]和[0.58,0.54],其中处理组中的 0.62 与对照组中的 0.60 相匹配,处理组中的 0.58 与对照组中的 0.54 相匹配。尽管处理组中的 0.62 和 0.58 与对照组中的 0.60 的距离相同,但在不放回匹配时,倾向性评分为 0.60 的对照组案例只能与一个处理组案例匹配。由于 0.62 是较高的值,具有该倾向性评分的案例应首先被“贪婪地”配对,所以倾向性评分为 0.60 的对照组案例无法与 0.58 配对。因此,从对照组的其余倾向性评分中选择了最接近的 0.54 与处理组的 0.58 配对。由于处理组只有 4 个案例,对照组 6 个案例中的 2 个案例(即倾向性评分为 0.36 和 0.34 的案例)没有与处理组的案例配对。由于这两个案例没有匹配,因此被排除在新的匹配样本之外。从理论上讲,新样本应比原始样本更能平衡两组间的协变量分布。换言之,除处理条件外,处理组和对照组成员将具有相似的特征。

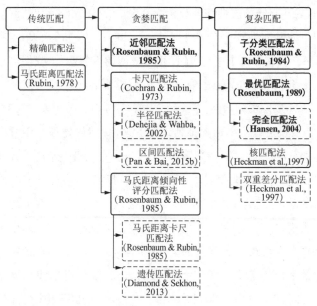

注:修订版基于 Bai，2013。

图 3.1　匹配类型

　　上例介绍了近邻匹配法的基本思想。但实际上,该方法
有两种匹配方案。上例中,我们仅演示了不放回的近邻匹
配。不过,也可以采用有放回匹配。有放回匹配是指一个案
例可以匹配多次。如果一组(处理组或对照组)中一个案例
的倾向性评分与另一组中多个案例的倾向性评分接近,那么
有放回的匹配就可以多次选择一个案例与其他案例配对。
使用上例,如果我们采用有放回匹配,对照组中倾向性评分
为 0.60 的案例将被选中两次,与处理组中倾向性评分为 0.62
和 0.58 的案例配对,因为 0.60 比所有其他值都更接近 0.62
和 0.58。根据这一方案,最终选定的配对为[0.85，0.80]、
[0.74，0.74]、[0.62，0.60]和[0.58，0.60],对照组中排除的

案例为倾向性评分为 0.34、0.36 和 0.54 的案例。

卡尺匹配

卡尺匹配法是在预定的卡尺带宽(b)范围内,将处理组的每个案例(i)与对照组的案例(j)进行匹配。科克伦和鲁宾(Cochran & Rubin,1973)建议采用 $b \leqslant 0.25$ 个匹配变量标准差的标准,以消除 90% 的偏误。据此标准,罗森鲍姆和鲁宾(Rosenbaum & Rubin,1985)建议卡尺带宽不大于倾向性评分标准差的 0.25 倍,即 $b = 0.25 \times SD[p(X)]$。虽然这是一个常用的卡尺带宽,但研究者可能会发现其他带宽更适合他们特定的数据样本。要在上例中应用卡尺匹配法,我们首先需要找到处理组[0.85,0.74,0.62,0.58]倾向性评分的标准差,即 0.12。然后,估计卡尺带宽为 $b = 0.25 \times (0.12) = 0.03$。接下来,第一个案例的倾向性评分为 0.85,其带宽介于 0.82 和 0.88 之间[0.85−0.03;0.85+0.03]。不幸的是,对照组中没有处于 0.82 和 0.88 之间的倾向性评分值,因此这个处理案例被排除在匹配数据之外。使用卡尺匹配法,处理组中的第一个案例在对照组中没有匹配案例。由此可见,与其他形式的匹配相比,卡尺匹配更受限制,不太可能为所有案例找到匹配。第二对匹配结果与近邻匹配结果[0.74,0.74]相同,因为对照组中有一个案例的匹配值与[0.74,0.74]完全相同。我们在对照组中为处理组中的第三个案例找到了一个匹配得分,该得分在 0.59 到 0.65 的范围内[0.62−0.03;0.62+0.03]。对照组中唯一在该区间内的倾向性评分是 0.60。因此,第二个匹配对是[0.62,0.60],这与我们使用的近邻匹配法得到的结果相同。

对于案例 2 和案例 3,有放回匹配与不放回匹配得到的匹配结果相同。但是,处理组中第四个案例的最佳匹配结果会因匹配方案不同而不同。当倾向性评分为 0.58 时,卡尺带宽介于 0.55 和 0.61 之间[0.58－0.03;0.58＋0.03]。当我们使用有放回匹配时,0.60 是最接近 0.58 的匹配值。但是,当我们进行不放回匹配时,0.60 已经与 0.62 配对,不再可用。因此,0.58 将被排除在匹配样本之外,因为它无法与对照组的案例相匹配。虽然这种情况并不总是发生,但在这个样本中,使用有放回的卡尺匹配比使用不放回的卡尺匹配([0.62,0.60]和[0.74,0.74])得出了更多的匹配对([0.74,0.74]、[0.62,0.60]和[0.58,0.60])。

从上例中(也如表 3.1 所示),我们可以看出,卡尺匹配会使配对的协变量值更加匹配。然而,这一方法的最终样本中匹配配对的数量可能会大大减少,因此,卡尺匹配法更适合大样本。关于带宽选择的广泛讨论超出了本书的重点,科克伦和鲁宾(Cochran & Rubin, 1973)以及白海岩(Bai, 2011)的研究是很好的更加深入讨论这一主题的资料。

表 3.1   有无放回的近邻匹配法和卡尺匹配法比较

原始样本		近邻匹配法				卡尺匹配法			
		不放回		有放回		不放回		有放回	
处理组	对照组	处理组	对照组	处理组	对照组	处理组	对照组	处理组	对照组
0.85	0.80	0.85	**0.80**	0.85	**0.80**				
0.74	0.74	0.74	0.74	0.74	0.74	0.74	0.74	0.74	0.74
0.62	0.60	0.62	0.60	0.62	0.60	0.62	0.60	0.62	0.60
0.58	0.54	0.58	**0.54**	0.58	**0.60**			**0.58**	**0.60**
	0.36								
	0.34								

注:表中数值为与参与者匹配的倾向性评分。粗体字的值为对照组案例的匹配值,根据所使用的匹配方法而发生变化。

贪婪匹配的其他变体

贪婪匹配还有其他变体,包括半径匹配、区间匹配、带有倾向性评分的马氏距离匹配、带有倾向性评分定义卡尺的马氏距离匹配,以及基因匹配。由于这些匹配方法并未得到广泛应用,因此我们在本书中不做详细介绍,我们只对这些方法进行了定义,并为有兴趣了解更多信息的读者提供了相关参考资料。半径匹配(Dehejia & Wahba, 2002;Huber, Lechner, & Steinmayr, 2015)是卡尺匹配的一种变体,该方法会在每个卡尺范围内选择最近邻(即距离次近的案例),同时使用卡尺范围内的所有对照案例。区间匹配通过确定处理组和对照组案例倾向性评分的重叠置信区间来选择匹配案例,使用自举置信区间来调整倾向性评分估计的偏误(Pan & Bai, 2015b)。使用倾向性评分的马氏距离匹配法(Rosenbaum & Rubin, 1985)通过协变量和倾向性评分计算出的马氏距离(Cochran & Rubin, 1973;Rubin, 1976, 1979, 1980)匹配处理组和对照组案例。马氏距离卡尺匹配(Guo, Barth, & Gibbons, 2006;Rosenbaum & Rubin, 1985)则是在倾向性评分所定义的卡尺范围内,按照随机顺序将处理组的案例与对照组中马氏距离最近的案例进行匹配。遗传匹配使用遗传搜索算法,使处理组和对照组之间协变量的多变量加权距离最小化(Diamond & Sekhon, 2013)。

复杂匹配

最优匹配

与贪婪匹配不同,最优匹配是使匹配样本中所有参与者

的倾向性评分之间的总体距离最小化的一种方法。假设我们有这样一个样本:处理组的倾向性评分分别为 0.46、0.29、0.23 和 0.20,对照组的倾向性评分分别为 0.44、0.42、0.38、0.38 和 0.27。如果使用近邻匹配法,则匹配对分别为[0.46,0.44]、[0.29,0.27]、[0.23,0.38]和[0.20,0.38]。正如我们所看到的,由于近邻匹配是贪婪匹配,因此匹配是通过选择最佳可用单元来完成的,而不考虑最终匹配数据的集体匹配质量。然而,最优匹配会考虑每一个可能的匹配对,并选择组间倾向性评分总体差异最小的匹配集。因此,对于上述数据样本,最优匹配将产生以下配对:[0.46,0.44]、[0.29,0.38]、[0.23,0.38]和[0.20,0.27],最终全局距离为|0.46−0.44|+|0.29−0.38|+|0.23−0.38|+|0.20−0.27|=0.33,比近邻匹配的全局距离|0.46−0.44|+|0.29−0.27|+|0.23−0.38|+|0.20−0.38|=0.37 小 0.04。一般来说,最优匹配会比近邻匹配提供更好的匹配结果。但是,如果我们的样本量很大,或者处理组和对照组之间有很大的共同支持,那么最优匹配和近邻匹配的结果将是相似的(Bai,2015)。

完全匹配

完全匹配法选择样本形成子类,通过匹配使整个匹配样本的倾向性评分之间的总体差异最小。这些子类是通过在对照组中找到一个或多个案例与处理组中的一个或多个案例进行匹配而形成的。并非所有匹配子集都需要包含相同数量的案例。换言之,研究者既可以将处理组中的一个案例与对照组中的一个案例进行匹配,也可以在同一匹配程序中将一个处理案例与多个对照案例进行匹配,反之亦然。通过本节前面的例子,我们发现处理组中有三个案例的倾向性评分(0.20、0.23、0.29)与对照组中一个案例的倾向性评分(0.27)最为接近,而对照组中有四个案例的倾向性评分(0.38、0.38、0.42、0.44)与处理组中一个案例的倾向性评分(0.46)最为接近。因此,我们不是将处理组中的一个案例与对照组中的一个案例配对,而是将不同样本量的案例分组。使用完全匹配的匹配样本群或子类为[0.20,0.23,0.29,0.27]和[0.46,0.44,0.42,0.38,0.38]。完全匹配始终允许有放回匹配,并使用所有案例,但在匹配之前,会从处理案例和非处理案例中剔除一些极值,从而建立共同支持。完全匹配的目的不是创建两个不同的组,而是使每个子类中每个处理案例和每个对照案例之间估计距离的加权平均值最小化(Ho,Imai,King,& Stuart,2011)。因此,估计处理效应的分析模型需要加权使用该方法匹配案例的观察结果。表 3.2展示了在被选为匹配的对照案例方面,最优匹配和完全匹配与近邻匹配的情况比较。

表 3.2　近邻匹配法、最优匹配法和完全匹配法的比较

未匹配		近邻匹配		最优匹配		完全匹配	
处理组	对照组	处理组	对照组	处理组	对照组	处理组	对照组
0.46	0.44	0.46	0.44	0.46	0.44		0.44
0.29	0.42	0.29	**0.27**	0.29	**0.38**	0.46	**0.38**
0.23	0.38	0.23	0.38	0.23	0.38		**0.38**
0.20	0.38	0.20	**0.38**	0.20	**0.27**	0.29	**0.27**
	0.27					0.23	
						0.20	

注:表中数值为与参与者匹配的倾向性评分。粗体字的值为对照组案例的匹配值,根据所使用的匹配方法而发生变化。

其他类型的复杂匹配

正如倾向性评分匹配方法类型(图 3.1)中所列,还有其他类型的复杂匹配方法,它们不像我们刚才讨论的方法那么常用。尽管我们不会对这些方法进行详细描述,但我们还是想介绍一下这些方法,并提供进一步的信息来源。核匹配使用对照组所有参与者的加权平均值作为处理组每个参与者的匹配值(Caliendo & Kopeinig, 2008)。双重差分匹配是根据从测试前到测试后协变量偏误的变化匹配参与者(Heckman, Ichimura, Smith, & Todd, 1998)。

匹配变化

有无放回匹配

如上一节所述,当处理组或非处理组中的每个案例都可以作为匹配对象使用一次以上时,就会出现有放回匹配。无放回匹配则限制每个案例只能与另一个案例匹配一次。遗憾的是,目前还不清楚倾向性评分匹配是否应该进行放回,因为两种方案各有优缺点。

有放回匹配通常会产生与无放回匹配截然不同的匹配组,因此,匹配方法会影响处理效应估算的准确性。相较于无放回匹配,有放回匹配通常能产生更好的匹配结果,减少更多偏误。由于有放回匹配法不限制可用于匹配的案例,如果对照组中的某个案例与处理组中的几个案例非常相似,那么所有这些处理组案例都可以与该对照组案例进行匹配。允许案例与倾向性评分最接近的案例进行匹配,可以使匹配的对照案例和处理案例之间的全局距离最小化(Dehejia &

Wahba，2002）。无放回匹配更有可能导致匹配结果不佳，尤其是在仅有数量有限的对照组案例与处理组案例具有相似倾向性评分的情况下。倘若不重复运用相同的对照组案例，那么处理组案例或许会与倾向性评分差异极大的对照组案例进行匹配，原因非常简单，就是因为对照组中优质的匹配案例太过稀少了。

使用有放回匹配法的一个缺点是，我们会减少对照组中估计反事实平均值的不同案例数，这可能会增加估计值的方差（Smith & Todd，2005）。此外，有放回匹配会降低包含相同处理或对照案例的匹配集之间的不一致性，在估计方差时必须考虑到这一点（Austin，2011）。使用样本量大的对照组可以避免上述许多问题，因为这将防止大量案例被多次使用。但是，如果对照组的样本量较小，则使用有放回匹配可能更为合适。

选择有无放回匹配也应受到倾向性评分匹配方法类型（如近邻匹配法、卡尺匹配法、最优匹配法）和数据条件的影响，如处理组和对照组之间倾向性评分分布的共同支持（Caliendo & Kopeinig，2008）。如果存在良好的共同支持，无放回匹配可能问题较少；如果没有，有放回匹配可能是更好的选择（Dehejia & Wahba，2002）。

比率匹配

比率匹配是一种为每个处理案例分配多个对照案例的方法。它类似于完全匹配，其中每个子集可以有不同数量的处理和对照案例（例如，我们可能有两个处理案例与三个对照案例匹配，或三个处理案例与一个对照案例匹配）。然而，比率匹配只能将一个处理案例与不同数量的对照案例相匹配(例如,一个处理案例与三个对照案例相匹配,或一个处理案例与两个对照案例相匹配)。当然,我们也可以采用比率匹配法,将多个处理案例与一个对照案例进行匹配。如果处理案例的比例高于对照案例,就可以采用这种方法。虽然研究者可以指定组间案例匹配数上限,但由此产生的匹配比率并非总是一致的。例如,如果研究者使用一对三的匹配方法,每个处理案例将与一个、两个或三个对照案例进行匹配(取决于匹配距离)。在比率匹配中,组间案例匹配数取决于样本量比率。

样本量比率

如果对照组样本量比处理组样本量大得多(如三倍),就更容易在处理组和对照组案例之间获得足够的匹配(Rubin,1979)。然而,如果对照组样本量较小,那么使用某些倾向性评分匹配方法(如有放回卡尺匹配法)仍能取得良好效果(Dehejia & Wahba, 2002)。在共同支持大的情况下,对照组中可用案例越多,我们就越有可能找到与处理组匹配的案例。但是,如果处理组和对照组之间已经有了良好的共同支持,就没有必要改变样本量比例(Bai, 2015)。

共同支持

处理组和对照组之间有足够的共同支持是使用倾向性评分匹配方法的主要假设之一。正如我们在第 1 章中所讨论的,共同支持是指处理组和对照组倾向性评分分布范围的重叠。当两组的倾向性评分分布大量重叠时(即良好的共同支持),大多数匹配算法都能得到相似的结果,有放回或无放回的匹配都是合适的。违反充分共同支持的假设不仅可能无法充分减少偏误，还可能影响外部效度（Caliendo & Kopeinig，2008；Heckman，Ichimura，& Todd，1997）。如果处理组和对照组的倾向性评分值不相近，那么它们就不具有相同的特征，因此，处理组和对照组不太可能是来自同一总体的样本。如果我们试图匹配共同支持度较低的案例，大多数匹配方法都会匹配度较低，从而无法减少选择偏误。使用卡尺匹配可以确保更好的匹配，但分析时很可能会排除相当一部分样本。如果仅将倾向性评分接近 0.5（如 0.35 至 0.65）的参与者纳入分析，那么我们或许难以将处理效应推广至那些极有可能或极不可能接受处理的人群。

遗憾的是，目前文献中尚无多少共同支持足以进行倾向性评分匹配的衡量标准。我们可以采用鲁宾（Rubin，2001）的建议，即各组倾向性评分均值应相差 0.5 个标准差以下。虽然这个均值差确实提供了一些标准，但它实际上并不能衡量共同支持的范围或各组倾向性评分的重叠程度。我们还可以使用卡利恩多和科派尼希（Caliendo & Kopeinig，2008）的最小值和最大值比较法，通过排除倾向性评分大于对照组最高分的案例来调整处理组案例，通过排除倾向性评分低于处理组最低分的案例来调整对照组的案例。虽然这种方法能准确测量共同支持度，但并未涵盖统一标准，即多少共同支持才足以进行倾向性评分匹配。在缺乏广泛认可标准的情况下，我们建议以 75% 的倾向性评分重叠为标准（Bai，2015）。

第 2 节 | 其他倾向性评分调整方法

子分类

子分类法又称分层法或阻断法，是一种基于案例组的匹配法。与上述匹配方法一样，它试图通过将处理案例与具有相似倾向性评分的对照案例进行匹配来平衡协变量。不过，这种方法不是将一个处理案例与一个或几个对照案例进行匹配，而是根据倾向性评分的区间进行匹配。一旦估算出倾向性评分，其整个分布就会被划分为若干分层，这样每个分层就包括了处理组和对照组的参与者。

确定分层

创建分层的两种常见方法是根据倾向性评分范围或参与者比例创建相等的区间。在第一种方法中，倾向性评分范围在各分层中保持一致，从而依据分层数量，每个分层都可由一组倾向性评分的特定区间来界定。第二种方法是根据倾向性评分分布的相等百分位数创建区间。参与者将根据倾向性评分数值排序，分层则基于相等的样本量或百分位数。

例如，假设有 20 名参与者，他们的倾向性评分在 0.07 至 0.89 之间，分布如表 3.3 所示。

表 3.3　倾向性评分分布情况

倾向性评分	处理条件
0.07	对照组
0.15	对照组
0.19	处理组
0.22	对照组
0.26	对照组
0.28	处理组
0.31	对照组
0.36	对照组
0.36	处理组
0.40	对照组
0.41	处理组
0.45	对照组
0.48	处理组
0.51	对照组
0.54	处理组
0.62	对照组
0.65	处理组
0.72	处理组
0.77	处理组
0.89	处理组

　　如果我们根据倾向性评分的范围将这一分布划分为四个分层，那么区间宽度或范围将为 0.25，每个参与者将根据其原始倾向性评分被分配到一个分层。倘若基于倾向性评分百分位数界定四个分层，那么每个分层将涵盖五个案例或样本的 25%，每个案例都将依据其排名顺序被分配至相应的分层。无论采用何种方法，处理组的参与者均会与同一分层中对照组的参与者相匹配。然而，根据切点的定义方式，我们或许会发现每个参与者的匹配结果大相径庭。表 3.4 阐释了每种分层方法的应用方式。

表 3.4　基于倾向性评分范围和百分位数的四分层子分类

分层	倾向性评分范围			倾向性评分百分位数		
	间隔区间	处理组	对照组	间隔区间	处理组	对照组
1	0.00—0.25	0.19	0.07	第 0—25	0.19	0.07
			0.15			0.15
			0.22			0.22
						0.26
2	0.26—0.50	0.28	**0.26**	第 26—50	0.28	0.31
		0.36	0.31		0.36	0.36
		0.41	0.36			0.40
		0.48	0.40			
			0.45			
3	0.51—0.75	0.54	0.51	第 51—75	**0.41**	**0.45**
		0.65	**0.62**		**0.48**	0.51
		0.72			0.54	
4	0.76—1.00	0.77		第 76—100	**0.65**	**0.62**
		0.89			**0.72**	
					0.77	
					0.89	

注：表中数值为参与者分类的倾向性评分。粗体字数值是根据界定分层标准分配至不同分层的案例。

　　首先，请注意，在使用百分位数时，许多根据范围被分配到某一个分层的案例并未被分至同一分层。这也意味着，不同的分层定义方法会产生不同的匹配结果。上例中，使用第一种方法时，倾向性评分为 0.41 和 0.48 的案例与倾向性评分为 0.26、0.31、0.36、0.40 和 0.45 的案例匹配。然而，在第二种方法中，他们与倾向性分数为 0.45 和 0.51 的对照组案例相匹配。其次，无论采用哪种方法，每个分层中每组参与者人数均不相等［例如，在第一层中，处理组仅有一名参与者，而对照组有三名（按范围定义的分层）或四名（按百分位数定义的分层)参与者]。这种情况并不罕见,因为处理组参与者更有可能选择进入处理组(因此倾向性评分更高),而对照组参与者倾向性评分较低,反映出他们选择进入处理组的概率较低。

正如读者所见,子分类法的一个潜在问题是有些参与者并无匹配,因此在估计处理效应时会被从样本中剔除。虽然这是其他匹配形式的常见问题,但在子分类法中,可以通过改变切点或分层数来减少这一问题(Luellen et al.,2005)。表 3.4 例证了这一方法。当按范围定义分层时,倾向性评分分别为 0.77 和 0.89 的处理案例没有匹配结果。然而,当按百分位数定义分层时,所有案例都有匹配。虽然无论采用哪种方法,我们都可能无法在一个分层中找到共同支持,但此例说明了改变切点可以在分析中保留更多案例。

改变分层数量

在上例中,我们将分布分为四个分层。但是,研究者可以使用少于四个或多于四个的分层。减少分层数量可以增加所有参与者匹配并纳入分析的可能性。例如,如果我们只使用两个分层,那么处理组所有案例都将纳入与对照组案例匹配的分层(见表 3.5)。遗憾的是,这也降低了匹配的精确度和平衡倾向性评分的有效性。通过增大间隔,我们无法再区分倾向性评分为 0.6 和 0.9 的人。因此,这种分层方式可能有悖于使用倾向性评分方法的初衷。增加分层数将提高配对组的相似性,并提高各组在倾向性评分(以及随之而来的协变量)上保持平衡的可能性。随着分层数的增加,子分类法看起来就会更像本章第 1 节中讨论的匹配方法(例如,完全匹配法就是一种典型方法)。分层越多,匹配效果可能

表 3.5　基于倾向性评分范围的两层和六层分层法

分层	两层分层			六层分层		
	间隔区间	处理组	对照组	间隔区间	处理组	对照组
1	0.00—0.50	0.19	0.07	0.00—0.16		0.07
		0.28	0.15			0.15
		0.36	0.22			
		0.41	0.26			
		0.48	0.31			
			0.36			
			0.40			
			0.45			
2	0.51—1.00	0.54	0.51	0.17—0.33	0.19	0.22
		0.65	0.62		0.28	0.26
		0.72				0.31
		0.77				
		0.89				
3				0.34—0.50	0.36	0.36
					0.41	0.40
					0.48	0.45
4				0.51—0.67	0.54	0.51
					0.65	0.62
5				0.68—0.84	0.72	
					0.77	
6				0.85—1.00	0.89	

注：表中数值为参与者分类的倾向性评分。

越好，但我们也可能需要从分析中剔除更多的参与者。表 3.5
显示，如果我们根据倾向性评分范围将样本分为六个分层，
则各组间的倾向性评分匹配相差不超过 0.14，使用四个分层
时相差 0.22，使用两个分层时相差 0.41。然而，我们需要放
弃第 1 层的所有对照组案例，以及第 5 层和第 6 层的所有处
理组案例，因为其缺乏共同支持。

　　科克伦(Cochran，1968)提出，根据百分位数创建的五个

分层可以消除 90％的选择偏误。然而，当使用五个以上分层时，使用基于百分位数的等间隔并非最佳选择。尽管他发现增加分层的数量往往会减少更多的偏误，但如果分层样本量不相等，减少偏误的效果会更好。一个更好的方法是让更多的参与者进入中间层（如第 3 层的 30％），而让更少的参与者进入最低层和最高层（如第 1 层和第 5 层的 10％）。

　　遗憾的是，没有一种正确甚至是最佳的方法适用于所有数据样本。创建分层区间的最佳方法通常取决于倾向性评分的分布和分析方法。如果倾向性评分的分布非常相似（即分布之间有很多共同支持或重叠），那么创建分层的两种方法就并无区别。但是，如果分布之间的共同支持较少——要么是因为组间倾向性评分分布之间的均差较大，要么是因为倾向性评分分布偏斜，那么创建分层的方法可能会更有影响力。在这种情况下，最好的方法可能是创建多个分层，并放弃分布于两端的分层。这种方法类似于根据倾向性评分进行匹配的结果。匹配结果会很精确，但会放弃一些案例。为了保留更多案例，可以增加倾向性评分最高和最低分层的区间宽度（即第 1 层是分布中最低的 30％，第 5 层是最高的 30％，而第 3 层是中间的 10％，第 2 层和第 4 层各占分布的 15％）。如果倾向性评分分布具有不同的方差（例如，一个是正态分布，另一个是偏态分布），根据百分位数创建分层可能比根据倾向性评分范围创建分层更能平衡各层之间的差异。

　　子分类法的最大问题在于，如何权衡增加分层区间宽度以将更多参与者纳入分析和减少区间宽度以获得更精确匹配。与上述匹配方法相比，分层法的优势在于，通过分组匹配，我们可以在每个匹配组中纳入更多的参与者。这降低了分析中剔除参与者的可能性,但同时也降低了匹配的精确度。这就削弱了研究的内部效度,因为参与者之间的相似性不如上一节所述的倾向性评分匹配方法。虽然增加分层数可以提高匹配度,但这也增加了一组中的某些案例在另一组中无可比案例的可能性(如表 3.5 中第 5 层和第 6 层所示)。当缺乏共同支持时,没有匹配的参与者就会从分析中被剔除,这就削弱了外部效度。

加权

加权法通过将因变量的观测值乘以基于倾向性评分的权重来平衡处理组和对照组。尽管有多种倾向性评分加权估计方法(Harder,Stuart,& Anthony,2010;Hirano & Imbens,2001;McCaffrey,Ridgeway,& Morral,2004;Schafer & Kang,2008;Stone & Tang,2013),但大多数方法都是根据倾向性评分倒数对观测值进行加权。最常见的倾向性评分加权方法有:(1)使用反向处理概率加权(IPTW)估算器来计算平均处理效应(ATE);(2)通过比值加权来计算处理组参与者的平均处理效应(ATT)。这两种方法的主要区别在于,ATE 调整所有参与者的观测值,而 ATT 仅加权对照组的观测值。计算 ATE 的常用方法是,使用倾向性评分倒数对处理组观测值进行加权(见方程 3.1),用倾向性评分减 1 的倒数对对照组观测值进行加权(见方程 3.2)。

因此,对于处理组而言:

$$y_{wti} = \frac{y_{ti}}{e_{xi}} \tag{3.1}$$

其中,y_{wti} 是处理组每位参与者的因变量加权观测值,y_{ti} 是该参与者的原始观测值,e_{xi}是对照组的倾向性评分。

$$y_{wci} = \frac{y_{ci}}{1 - e_{xi}} \qquad (3.2)$$

其中,y_{wci}是比较组中每位参与者的加权观测值,y_{ci}是该参与者的原始观测值。然后将加权观测值相加,再除以样本总量(N)。这些平均值之间的差值就是平均处理效应(见方程3.3):

$$\text{ATE} = \frac{\sum_{i=1}^{n_t} y_{wti}}{n_t + n_c} - \frac{\sum_{i=1}^{n_c} y_{wci}}{n_t + n_c} \qquad (3.3)$$

其中,n_t是处理组的样本量,n_c是对照组的样本量。

可以通过以下方式计算 ATT,将处理组的观测值赋予权重1(或完全不加权),对照组的观测值则根据倾向性评分和1减去倾向性评分的倒数进行加权(见方程3.4):

$$y_{wci} = \frac{y_{ci}(e_{xi})}{1 - e_{xi}} \qquad (3.4)$$

与 ATE 不同的是,加权观测值总和除以各自样本量 n_t 和 n_c。这两个平均数之间的差值就是处理组参与者的平均处理效应(见方程3.5):

$$\text{ATT} = \frac{\sum_{i=1}^{n_t} y_{ti}}{n_t} - \frac{\sum_{i=1}^{n_c} y_{wci}}{n_c} \qquad (3.5)$$

表3.6 显示了每种方法的应用情况,以及不同加权统计结果对处理效应的影响。在未对观察结果进行加权的情况下,两种情况下的平均差异为 0.168(即 0.684 减去 0.516 的值)。使用 ATE 加权后,平均差增至 0.235(即 0.683 减去 0.448 的值),ATT 为 0.304(即 0.684 减去 0.380 的值)。

表 3.6　ATE 和 ATT 加权结果比较

倾向性评分		未加权观测值		ATE 加权观测值		ATT 加权观测值	
处理组	对照组	处理组	对照组	处理组	对照组	处理组	对照组
0.2	0.1	0.36	0.39	1.80	0.43	0.36	0.04
0.3	0.2	0.53	0.28	1.77	0.35	0.53	0.07
0.4	0.2	0.44	0.42	1.10	0.53	0.44	0.11
0.4	0.3	0.67	0.33	1.68	0.47	0.67	0.14
0.5	0.3	0.62	0.47	1.24	0.67	0.62	0.20
0.5	0.4	0.82	0.55	1.64	0.92	0.82	0.37
0.7	0.4	0.76	0.64	1.09	1.07	0.76	0.43
0.7	0.5	0.91	0.58	1.30	1.16	0.91	0.58
0.8	0.5	0.85	0.78	1.06	1.56	0.85	0.78
0.9	0.6	0.88	0.72	0.98	1.80	0.88	1.08
均值		0.684	0.516	0.683	0.448	0.684	0.380

注:未加权观测值和 ATT 加权观测值的均值除以各组样本量($n = 10$),ATE 加权观测值的均值除以总样本量($N = 20$)。

协变量调整

协方差调整将倾向性评分作为协方差分析或多元回归(Austin & Mamdani,2006;Rosenbaum & Rubin,1983)中的一个协方差。在较为简单的模型中,研究者使用倾向性评分来代替作为个体预测因素的协变量。另外,双重稳健模型除倾向性评分外,还包括个体预测因子(Kang & Schafer,2007)。因此,协变量调整通过考虑倾向性评分与因变量和处理变量之间的共同方差来消除偏误。由于用于建立倾向性评分模型的协变量也与处理条件和因变量相关,因此调整后的处理效应应考虑所有协变量的偏误。此外,由于倾向性评分是根据其对处理变量的相对重要性来建模的,因此倾向性评分将考虑到基于处理条件的协变量与因变量之间的不同关系。在传统的协变量调整中,单个协变量将考虑因变量和处理条件之间的共享方差,但可能不会考虑处理条件如何调节协变量和因变量之间的相关性。

尽管一些研究者发现,协变量调整是消除偏误的有效方法(Clark,2015;Hade & Lu,2013;Kang & Schafer,2007),但也有研究者发现,在某些条件下,这些结果可能并非有效。因此,在使用回归或方差分析时,重要的是要考虑统计假设,例如协变量与因变量之间的线性关系或同质组间方差。正如这些假设在传统协变量调整中非常重要一样,它们也会影响使用倾向性评分进行协变量调整时的有效性。例如,当共变因素组间方差是异质的时候,使用这种方法可能无法有效减少偏差(D'Agostino,1998;Rubin,2001)。当倾向性评分模型中使用协变量的函数形式为非线性时,使用这种方法的效果也往往较差(Hade & Lu,2013)。罗森鲍姆(Rosenbaum,2010)还建议,如果倾向性评分与因变量是非线性关系,则应避免使用这种方法。然而,通过将非线性倾向性评分作为协变量纳入调整模型,可以避免这一问题(Shadish et al.,2008)。

第 3 节 | **本章小结**

　　研究者通常使用以下四种倾向性评分调整方法中的一种：匹配、分层、加权和使用倾向性评分进行协变量调整。如果使用得当，这些方法中的任何一种都能大大减少选择偏误。其中，匹配法是社会和行为科学家最常用的方法。匹配法通常可以对处理组和对照组进行最佳比较，从而得出具有较强内部效度的处理估计值。虽然这种方法往往会排除原始数据样本中的案例，但通过使用样本量大、对照组或比较组参与者按比例增加的数据集，可以改善匹配结果。分层法与配对法类似，但通过匹配参与者群体，我们不太可能将参与者排除在分析之外。分层法的缺点是匹配效果不佳，因此，可能无法像对共同支持或带宽有一定限制的匹配法那样减少偏误。倾向性评分加权法可应用于多种数据条件，如多层次数据或其他具有潜变量或多种处理条件的复杂数据。遗憾的是，当倾向性评分偏斜或包含异常值时，加权法可能无法像匹配法那样减少选择偏误。使用倾向性评分进行协变量调整是最简单的方法，但其对倾向性评分和协变量的具体条件很敏感。

第 4 节 ┃ 示例

　　有关如何使用统计软件包(R、SAS、STATA 和 SPSS)实施倾向性评分方法的详细信息,请参阅配套网站 study.sagepub.com/researchmethods/qass/bai&clark,本节将展示这些方法的运算结果。在此,我们使用与第 2 章相同的处理条件、结果变量和 16 个协变量来说明应用倾向性评分方法后的结果(见表 2.2)。

　　在第 2 章的例子中,我们介绍了如何估计倾向性评分。不过,许多统计软件包在运行匹配程序的同时也会估算倾向性评分,即无需使用两套程序,可以同时运行。在这种情况下,一旦指定了处理(或分组)变量(如"游戏工作坊"数据中的变量 S_TREATMENT)为因变量,协变量为预测变量,就可以选择偏好的匹配方法(如有放回匹配、比率匹配、卡尺匹配)。在下面的两个示例中,我们选择使用以下方法在 R 软件包中创建匹配样本:(1)近邻配对匹配(1∶1,即对照组中一个案例与处理组中一个案例匹配),无放回;(2)最优比例匹配(1∶2,即处理组中一个案例与对照组中两个案例匹配),无放回。虽然结果会因使用的统计软件包不同而略有差异,但不同软件包的主要结果是相似的。

　　表 3.7 显示了近邻匹配后数据集中的案例子集。如表 3.7所示,对照组中倾向性评分为 0.026 的学生 452513 与处理组

表 3.7　近邻匹配后的案例样本

1 student_id	2 S_TREATMENT	3 S_CLIMATE_RECESSSAFETY	4 s_gender	5 s_grade	6 S_CLIMATE_COMMUNITY	7 S_CLIMATE_SCHOOLSAFETY	8 S_CONFLICTRES_AGGRESSIVE	9 S_CONFLICTRES_RELATIONSHIPS	10 S_CONFLICTRES_AGGBELIEF	11 S_LEARNING_RECESSEFFECT	12 S_LEARNING_SPORTSEFFECT	13 S_LEARNING_ENGAGEMENT	14 S_RECESS_ORGANIZED	15 S_RECESS_ENJOYMENT	16 S_YOUTHDEV_INTERACTIONS	17 S_YOUTHDEV_PEERCONFLICT	18 S_YOUTHDEV_PEERNONCONFLICT	19 S_PHYSICAL_SELFCONCEPT	20 倾向性评分
678874	1	4.00	1	4	1.54	2.50	1.00	4.00	1.00	3.33	3.00	2.80	2.00	4.00	4.00	1.00	1.00	1.91	0.026
452513	0	2.75	1	5	1.23	1.50	1.67	3.00	1.13	2.67	4.00	3.30	2.67	3.71	2.17	1.25	1.00	1.91	0.026
380973	1	1.50	1	4	2.92	1.75	1.00	4.00	1.00	2.67	2.00	3.40	1.00	3.71	3.50	1.88	1.00	1.73	0.111
630850	0	1.75	1	4	2.77	2.25	1.83	3.33	2.38	2.00	2.33	3.00	2.17	3.71	3.67	2.50	1.75	1.73	0.114
553973	1	2.25	1	4	2.92	1.50	1.33	4.00	1.00	2.67	2.00	4.00	2.00	3.43	3.17	2.38	2.50	1.91	0.187
288417	0	3.00	0	5	3.00	2.50	1.17	3.33	1.00	2.33	3.67	2.80	2.17	4.00	3.00	1.63	1.25	2.00	0.187
901970	1	3.25	1	4	3.31	1.50	1.17	3.33	2.50	2.00	3.67	3.10	2.17	3.86	3.67	2.50	2.25	1.27	0.328
208174	0	1.25	0	4	3.23	1.75	1.00	2.67	1.00	2.67	2.67	2.60	2.00	3.29	3.83	3.43	3.25	1.73	0.329
428871	1	3.00	0	4	3.15	1.75	1.50	−9.00	1.00	2.00	4.00	3.00	1.67	3.86	4.00	1.00	1.00	1.91	0.762
683489	0	3.50	0	5	3.08	3.25	1.00	−9.00	2.50	2.67	2.33	2.60	1.33	3.71	2.83	1.75	2.75	2.00	0.768

中倾向性评分同样为 0.026 的学生 678874 配对。该组配对学生是根据其倾向性评分相似度（均为 0.026）确定的。虽然不一定要完全匹配，但从表中可见，另一组（学生 553973 和学生 288417）也是根据完全相同的倾向性评分 0.187 匹配的，但其他三组的倾向性评分并不完全相同。由于配对仅选择与处理案例最相似的对照案例，因此许多对照案例并不匹配，也没有被包括在配对样本中。

表 3.8 列出了近邻匹配前后各组的样本量。由于我们在配对时未使用卡尺，因此配对样本中没有剔除处理组案例。因此，整个数据集的样本量（$n = 147$）与配对样本的样本量（$n = 147$）相同。由于采用了配对（1∶1），因此我们从对照组的原始样本（$n = 844$）中选取了 147 个案例与处理案例进行配对。因此，对照组中有 697 个案例未配对，在估算"游戏工作坊"项目对学生课间安全感产生的影响时不会使用这些案例。

表 3.8　近邻匹配前后的样本量

	对照组	处理组
总　体	844	147
匹　配	147	147
未匹配	697	0

表 3.9 显示了经过最优匹配后数据集中的案例子集。由于我们使用的是比率匹配（而非配对匹配），因此输出结果将匹配的案例分为子分类（第 21 列），以确定哪些处理案例和对照案例是匹配的。在本例中，1∶2 的比率匹配使每个子分类中包含三个案例：一个处理案例和两个对照案例。如表 3.9 所示，前三个案例均属于子分类 1，表明其构成了第一个匹配

表 3.9　基于倾向性评分最优匹配后的样本

1 student_id	2 S_TREATMENT	3 S_CLIMATE_RECESSSAFETY	4 s_gender	5 s_grade	6 S_CLIMATE_COMMUNITY	7 S_CLIMATE_SCHOOLSAFETY	8 S_CONFLICTRES_AGGRESSIVE	9 S_CONFLICTRES_RELATIONSHIPS	10 S_CONFLICTRES_AGGBELIEF	11 S_LEARNING_RECESSEFFECT	12 S_LEARNING_SPORTSEFFECT	13 S_LEARNING_ENGAGEMENT	14 S_RECESS_ORGANIZED	15 S_RECESS_ENJOYMENT	16 S_YOUTHDEV_INTERACTIONS	17 S_YOUTHDEV_PEERCONFLICT	18 S_YOUTHDEV_PEERNONCONFLICT	19 S_PHYSICAL_SELFCONCEPT	20 倾向性评分	21 子分类
14973	1	3.00	1	5	3.31	2.00	2.17	2.33	1.88	1.67	2.67	2.80	1.67	3.71	3.50	2.38	2.00	1.55	**0.279**	**1**
818171	0	3.00	0	4	3.38	3.25	1.50	3.67	2.00	2.33	3.67	3.10	2.33	3.43	2.83	2.75	2.75	1.45	**0.280**	**1**
900043	1	3.00	1	5	2.77	1.50	1.00	2.67	1.00	2.67	1.67	4.00	0.50	1.14	3.67	3.50	3.75	1.45	**0.279**	**1**
145853	0	3.00	1	5	2.31	2.00	1.00	3.67	1.00	3.00	2.33	3.50	1.83	3.86	3.50	3.00	2.00	1.64	**0.110**	**2**
172976	1	2.75	0	4	2.92	1.75	1.00	3.67	1.00	2.33	3.00	3.70	1.00	4.00	3.67	1.50	2.25	1.55	**0.110**	**2**
308131	0	1.25	1	4	3.00	1.75	1.33	3.33	2.25	1.67	2.00	4.00	2.67	3.57	4.00	2.50	1.00	2.00	**0.109**	**2**
690973	1	3.50	1	5	2.69	2.25	1.00	3.33	1.63	2.67	3.33	2.90	1.83	4.00	2.17	1.88	1.75	1.73	**0.130**	**3**
757614	0	2.00	0	4	2.38	1.00	1.33	2.67	1.63	2.67	3.67	3.20	2.33	4.00	3.50	2.75	2.25	1.73	**0.130**	**3**
844453	0	3.50	0	5	2.85	3.25	1.17	2.67	2.50	3.00	2.67	2.80	1.17	3.57	2.67	2.38	2.50	1.64	**0.130**	**3**
705970	1	2.50	0	5	2.23	2.25	1.17	2.00	2.63	2.67	1.67	2.90	2.00	3.86	2.17	2.75	2.50	1.73	**0.082**	**4**
825610	0	2.25	1	5	2.31	1.00	1.67	3.00	2.13	2.33	2.00	2.60	2.67	3.86	4.00	2.00	1.00	2.00	**0.083**	**4**
876274	0	2.25	0	5	2.62	2.00	1.17	2.67	2.38	2.00	2.33	3.10	1.00	3.29	2.50	1.75	2.50	1.64	**0.083**	**4**

集。学生 818171 和学生 900043 属于对照组,倾向性评分分别为 0.280 和 0.279,他们与学生 14973 配对,后者属于处理组,倾向性评分为 0.279。与前面示例一样,上述案例是根据倾向性评分的接近程度进行匹配的,因此每个子分类中的倾向性评分都非常接近。

表 3.10 列出了最佳匹配前后各组的样本量。采用 1∶2 比率配对后,配对数据集中对照组的样本量($n=294$)是处理组($n=147$)的两倍。因此,在原来的对照组样本($n=844$)中,有 550 个案例并未配对,因此这些案例不会被用于估计处理效应。

表 3.10　最优匹配前后的样本量,比率(1∶2)

	对照组	处理组
总　体	844	147
匹　配	294	147
未匹配	550	0

虽然这组数据既适合配对匹配,也适合比率匹配,但如果对照组的样本量较小,比率匹配可能不是较好的选择。因此,在使用这种方法之前,应检查样本量的比率,以确保对照组有足够的案例数,其至少应为处理组案例数的 k 倍。在本例中,处理组有 147 个案例,对照组有 844 个案例,远远超过处理组样本量的两倍($n=294$)。然而,如果对照组中仅有 200 个可用案例,可能无法运行比率匹配程序。如果样本中处理组案例数(例如,$n=2\,000$)多于对照组案例数,仍可使用比率匹配,但我们会将多个处理组案例与单个对照组案例匹配。

值得注意的是,在上述示例中,我们配对案例时未剔除任何处理组案例。但是,有些数据集的对照组或处理组可能存在异常值,或者处理组案例远远超出了对照组的共同支持范围。这种情况下,研究者可以选择在估算倾向性评分之前剔除这些异常值(通常是多元异常值),或者使用一些相关的倾向性评分调整(如卡尺匹配)来获得更具可比性的配对。尽管如此,研究者会发现处理组或对照组中的某些案例可能会从最终匹配样本中被剔除。

虽然以上示例仅限于使用两种匹配方法产生的结果,但本书的网站包含了如何使用 R、SAS、STATA 和 SPSS 来运行上述方法和其他类型的倾向性评分方法(例如,完全匹配、卡尺匹配、有放回匹配、子分类、加权和使用倾向性评分进行协变量调整)的详细演示。我们将在第 4 章讨论如何评估匹配样本的结果(即协变量分布的平衡)。

倾向性评分共同支持度检查表

☑ 如果绘制倾向性评分分布图,这些分布图的形状、均值、最小值和最大值是否相似?

☑ 如果计算对照组的最小值和最大值,处理组中是否至少有 75% 的案例也在此范围内?

☑ 如果计算组间倾向性评分的标准化均差(即科恩 d 值),该值是否小于 0.5?

☑ 如果使用推断检验(即 t 检验或卡方检验)比较组间倾向性评分,各组间是否具有显著差异?

本章学习问题

1. 最常见的倾向性评分方法有哪些?

2. 匹配方法(近邻匹配法、卡尺匹配法、最优匹配法和完全匹配法)之间有何不同?

3. 什么情况下需要采取以下的方法：

（1）用有放回抽样代替不放回抽样；

（2）选用完全匹配或比率匹配，而非配对匹配；

（3）选用对照组样本量多于处理组样本量的样本。

4. 使用一年级研讨会数据集（位于 study. sagepub. com/researchmethods/qass/bai&clark），用所有 10 个协变量计算倾向性评分，并将参加一年级研讨会的学生（Univ101＝1）与未参加研讨会的学生（Univ101＝0）进行匹配。使用不放回配对（1 对 1）匹配，如果使用以下几种方法，会有何不同？

（1）近邻匹配；

（2）卡尺匹配（卡尺宽度为 0.25）；

（3）最优匹配。

5. 使用与问题 4 中相同的倾向性评分，将参加一年级研讨会的学生与未参加研讨会的学生进行匹配，方法是：

（1）完全匹配法；

（2）有放回的近邻匹配法；

（3）近邻匹配法与比率匹配法，即处理组中的每个人与对照组中的两个人进行匹配（1∶2）；

（4）最优匹配与比率匹配，即处理组中的每个人都与对照组中的两个人进行匹配（1∶2）。

6. 如果从问题 4 和问题 5 中选择一种匹配方法，你会选择哪一种？为什么？

第 **4** 章

协变量评估和因果效应估计

　　应用倾向性评分方法时,了解倾向性评分在调整前后协变量分布的平衡情况非常重要。由于应用倾向性评分方法旨在通过平衡协变量分布来减少选择偏误,因此研究者必须知道某个协变量是否会导致选择偏误。在估计倾向性评分之前了解协变量的平衡状况(即是否平衡),可以让研究者知道是否需要将某个协变量纳入倾向性评分模型。在进行倾向性评分后,研究者就可以知道是否需要修改倾向性评分模型,在估计处理效应时使用双重稳健方法,或者根据第 3 章中讨论的调整方法来估计处理效应。因此,在本章中,我们将首先讨论如何评估倾向性评分方法在平衡协变量方面的有效性。接下来,我们将讨论如何使用倾向性评分方法估计处理效应,并确定这些效应是否稳健。在本章最后,我们将使用"游戏工作坊"数据来演示如何使用统计软件来应用这些方法。本书网站提供了各种统计软件包的程序代码、输出结果和输出解释。通过本章的学习,你应该知道:(1)如何评估协变量分布的平衡情况;(2)如何估计调整后的处理效应;(3)如何评估处理效应估计值对隐藏偏误的敏感性。

第 1 节 │ 评估协变量分布的平衡性

在进行倾向性评分匹配之前,必须检查所有观测协变量的平衡性,以确定哪些协变量会导致选择偏误。如果处理条件与协变量无关,或者倾向性评分与协变量无关,那么协变量的分布很可能是平衡的(Rosenbaum & Rubin,1984)。如果各组在所有协变量上都很均衡,则无需进行任何匹配或使用加权方法,然而,期望出现这种结果是不现实的。虽然有一些非随机研究不受影响,但很多研究都会受到选择偏误影响。因此,衡量处理效应受偏误影响的程度以及需要平衡哪些协变量非常重要。然而,使用倾向性评分方法后检查协变量平衡更为重要,因为通常情况下,某些协变量在匹配后仍然未得到很好的平衡;某些情况下,匹配甚至会增加协变量的不平衡程度(King & Nielsen,2016)。检查协变量平衡时,既要检查未用于计算倾向性评分的协变量,也要检查用于计算倾向性评分的协变量,因为使用倾向性评分方法之前平衡的协变量,调整后有可能不再平衡。如果协变量在倾向性评分调整后仍不平衡,研究者应采用进一步的方法来调整不平衡的协变量,如双重稳健方法(Schafer & Kang,2008)。下面,我们将介绍评估处理组和对照组之间协变量平衡的三个最常用标准。

选择偏误

评估与协变量 X_k（其中 $k=1$，$\cdots$，K）相关的选择偏误（B_k）最基本的方法是找出处理条件之间协变量的均值差异，即：

$$B_k = M_{1(X_k)} - M_{0(X_k)} \qquad (4.1)$$

其中，$M_{1(X_k)}$ 是处理组所有案例协变量均值，$M_{0(X_k)}$ 是倾向性评分调整前对照组案例协变量均值。调整后，$M_{1(X_k)}$ 代表处理组均值，$M_{0(X_k)}$ 仅代表调整后选定的对照组案例均值。

例如，假设我们担心处理组和对照组在年龄上不平衡。我们可以首先评估配对前和配对后两组的平均年龄差异。表 4.1 和表 4.2 说明了如何使用初始样本的 20 名参与者（每种情况各 10 名）和配对样本的 12 名参与者（每种情况各 6 名）进行评估。匹配之前（表 4.1），处理组平均年龄为 40 岁，对照组平均年龄为 35 岁。因此，选择偏误为 5（$B_k = 40 - 35$）。然而，根据倾向性评分进行匹配后，处理组平均年龄为 39 岁，对照组平均年龄为 38.14 岁，因此 $B_k = 0.86$。

为了评估选择偏误程度，可以使用推论检验，其中处理条件是自变量，协变量是因变量。通常情况下，连续协变量使用独立样本 t 检验，分类协变量使用卡方检验（Bai，2013）。然而，推论检验只能与其他平衡检验方法结合使用，因为检验目的是测量样本中协方差平衡的大小，而非对总体进行推论，总体推论可能会受到样本大小和方差的影响（Pan & Bai，2016）。

表 4.1 倾向性评分匹配前全样本

	处理组			对照组	
参与者	倾向性评分	年龄	参与者	倾向性评分	年龄
A	0.19	27	K	0.07	25
B	0.28	28	L	0.15	27
C	0.36	45	M	0.22	24
D	0.41	34	N	0.26	40
E	0.48	35	O	0.31	31
F	0.54	41	P	0.36	23
G	0.65	63	Q	0.4	41
H	0.72	32	R	0.45	37
I	0.77	38	S	0.51	53
J	0.89	57	T	0.62	49
均值	0.529	40	均值	0.335	35
标准差	0.23	11.95	标准差	0.17	10.70

表 4.2 倾向性评分匹配后样本

	处理组			对照组	
参与者	倾向性评分	年龄	参与者	倾向性评分	年龄
A	0.19	27	M	0.22	24
B	0.28	28	N	0.26	40
C	0.36	45	P	0.36	23
D	0.41	34	Q	0.40	41
E	0.48	35	R	0.45	37
F	0.54	41	S	0.51	53
G	0.65	63	T	0.62	49
均值	0.416	39	均值	0.403	38.14
标准差	0.16	12.40	标准差	0.14	11.41

标准化偏误

由于选择偏误仅涉及协变量两组均值之间的差异，因此不能完全代表两个分布。所以，最好同时考虑其他统计量的结果。标准化偏误(SB)(Rosenbaum & Rubin,1985)是一种更常用的统计量,因为其测量的是相对于协变量分布中数值变异性的均差。该指标与用于衡量组间均值差异效应大小的科恩 d 值非常相似。由于标准化偏误和科恩 d 值是用来测量样本中差异的大小,而非对总体进行推断,因此它们对样本量的依赖性较低。标准化偏误和科恩 d 值都是标准化的均值差异,其估算方法是用组间均值差(B_k)除以合并标准差。虽然两者都用于估计选择偏误,但标准化偏误与科恩 d 值的不同之处在于其将标准化均值差乘以 100%[①]:

$$SB = \frac{B_k}{\sqrt{\dfrac{V_{1(X_k)} + V_{0(X_k)}}{2}}} \times 100\% \qquad (4.2)$$

其中,$V_{1(X_k)}$ 表示处理组案例中协变量方差,$V_{0(X_k)}$ 表示对照组案例方差。使用表 4.1 和表 4.2 中的相同样本,未匹配样本标准化偏误为 44.1%[SB=(5÷11.34)×100%],匹配样本标准化偏误为 7.2%[SB=(0.86÷11.94)×100%]。

对于二元分类变量,标准化偏误是,两组中某一特征比例之差除以合并标准差再乘以 100%(Austin,2009)。从数学上讲,这可以表示为:

$$SB = \frac{\hat{P}_T - \hat{P}_C}{\sqrt{\dfrac{\hat{P}_T(1-\hat{P}_T) + \hat{P}_C(1-\hat{P}_C)}{2}}} \times 100\% \qquad (4.3)$$

---

① 此处原文为乘以 100,但公式 4.2、公式 4.3 和公式 4.4 中均为乘以 100%,此类百分比转换在统计学中被广泛用于直观反映差异或偏误的相对大小,为避免读者对于公式和正文表述不一致而产生困惑,本书统一使用乘以 100%,以明确计算结果的百分比形式。——译者注

其中，$\hat{P}_{\mathrm{T}}$ 和 $\hat{P}_{\mathrm{C}}$ 分别表示处理组和对照组中具有某一特征的样本比例。例如，如果处理组的 10 人中有 6 人为女性，$\hat{P}_{\mathrm{T}}=0.6$，而比较组的 10 人中有 4 人为女性，$\hat{P}_{\mathrm{C}}=0.4$，则合并标准差为 0.49，标准化偏误为 40.8%{SB=[(0.6−0.4)÷0.49]×100%}。

上述方程中，样本均值、方差和比例为未加权的估计值。然而，如果使用了倾向性评分加权，则应使用加权估计值来评估倾向性评分加权后协变量的平衡。加权均值将为：$\bar{x}_{\mathrm{weight}} = \dfrac{\sum w_i x_i}{\sum w_i}$，其中，$w_i$ 是分配给每个案例的权重，x_i 是每个案例协变量的值，加权样本方差为：$s^2_{\mathrm{weight}} = \dfrac{\sum w_i}{(\sum w_i)^2 - \sum w_i^2} \sum w_i (x_i - \bar{x}_{\mathrm{weight}})^2$（Harder et al.，2010）。

例如，假设我们使用 1∶2 的比率匹配方法，其中每个处理组案例与两个对照组案例进行匹配，我们可能会为一些对照案例赋予不同的权重，如表 4.3 所示。在这个例子中，处理组的加权平均年龄仍然是 39 岁，但对照组的加权平均年龄是 37.73 岁。这些是通过将每个年龄值乘以其相应的权重，对加权年龄求和，并将总和除以加权样本大小（即权重之和）得到的。选择偏误是 1.27，即加权平均值的差值（$B_k=39-37.73$），标准化偏误是 0.107，即加权平均值差值除以未加权值的合并标准差（SB=1.27÷11.87）。关于在倾向性评分匹配时分配权重的更多信息，请参见下面的第 2 节第一部分的内容。

使用标准化偏误相对于其他方法的一个明显优势是，其考虑了协变量得分变异性，且受样本大小影响比推论统计量

表 4.3　倾向性评分比率匹配后的样本

处理组				对照组				
参与者	倾向性评分	年龄	权重	参与者	倾向性评分	年龄	权重	加权年龄
A	0.19	27	1	L	0.15	27	0.64	17.28
				M	0.22	24	0.64	15.36
B	0.28	28	1	N	0.26	40	0.64	25.60
				O	0.31	31	0.64	19.84
C	0.36	45	1	P	0.36	23	1.29	29.67
D	0.41	34	1	Q	0.4	41	1.29	52.89
E	0.48	35	1	R	0.45	37	1.29	47.73
F	0.54	41	1	S	0.51	53	1.29	68.37
G	0.65	63	1	T	0.62	49	1.29	63.21
加权均值		39						37.73

小。遗憾的是,对于我们可能认为的"平衡"协变量,没有明确的标准。康和谢弗(Kang & Schafer,2007)建议标准化偏误小于40%,哈德等人(Harder et al.,2010)建议标准化偏误小于 25%,卡利恩多和科派尼希(Caliendo & Kopeinig,2008)建议标准化偏误小于5%。我们认为,大于 20%的标准化偏误表明平衡不佳,前两个标准过于宽松。对于那些认为标准化偏误小于5%过于保守的研究者而言,要求标准化偏误小于10%可能尚可接受。

百分比偏误减少

百分比偏误减少(PBR)是另一种常用于检查处理组和对照组之间协变量平衡的方法。科克伦和鲁宾(Cochran & Rubin,1973)认为,能够将偏误减少 80%或更多的方法是有效的。百分比偏误减少的定义如下(Bai,2010):

$$\text{PBR}_k = \frac{|B_{\text{before matching}}| - |B_{\text{after matching}}|}{|B_{\text{before matching}}|} \times 100\% \quad (4.4)$$

其中,匹配前偏误 $B_{\text{before matching}}$ 表示匹配前的选择偏误,匹配后偏误 $B_{\text{after matching}}$ 表示匹配后的选择偏误。百分比偏误减少的值是匹配前后偏误之差绝对值与匹配前偏误的比值。使用表 4.1 和表 4.2 中数据,我们发现年龄的选择偏误在匹配前为 5,匹配后为 0.86。因此,百分比偏误减少为 82.8%｛PBR$_k$ ＝[(5－0.86)÷5]×100%｝。如果标准化偏误估计值未达到基准,但百分比偏误减少的值较高(即 PBR＞80%),则倾向性评分仍被认为在减少偏误方面是有效的,不过,研究者可能会考虑使用双重稳健方法,即额外添加协变量作为单独的协变量进行分析。

图表和推论检验

图表

图表也是评估协变量分布平衡的良好替代方法,其中一些可能包括 Q-Q 图、直方图和 love 图(love plots)(Ahmed et al., 2006; Cochran & Rubin, 1973; Pan & Bai, 2015a; Pattanayak, 2015; Rosenbaum & Rubin, 1985)。大多数统计软件都能让研究者轻松生成这些图表。一些软件包(例如 R 中的 MatchIt)在匹配过程中会自动检查协变量平衡(Ho et al., 2011)。本章末尾的示例展示了其中一些图表以及如何对其加以解释。

推论检验

霍特林 T^2 检验是一种推论检验,通过同时检验所有连续协变量均值相等性来衡量全局协变量不平衡。与选择偏误和标准化偏误一样，其基于均值之间差异，不考虑协变量分布的形状。因此，研究者(Gilbert et al.，2012；Sekhon，2008)建议使用两样本 Kolmogorov-Smirnov 检验来比较两组之间协变量分布。原假设是两组协变量具有相同分布。因此，除了均值差异外，其还检验了组中位数、方差和协变量累积分布差异。

尽管诸如 t 检验、卡方检验、Mantel-Haensel 检验和 Kolmogorov-Smirnov 检验等推论检验可用于评估测量协变量不平衡的统计显著性，但应谨慎使用，因为平衡变化可能与统计效力变化混淆(Ho et al.，2011)。

第 2 节 │ **因果效应估计**

使用倾向性评分方法进行因果效应估计可分为两个主要步骤:(1)进行倾向性评分匹配后的处理估计;(2)使用倾向性评分加权来调整选择偏误的处理效应估计。本节将重点介绍在实施不同倾向性评分匹配策略后用于处理效应估计的各种统计模型,并简要介绍倾向性评分加权作为处理效应估计的调整方法。

匹配后分析

一旦完成匹配,就可以使用多种统计分析来估计处理效应。如果使用贪婪匹配方法(例如,近邻匹配)来匹配案例,传统的单变量或多变量统计量可用于比较各组结果。然而,如果使用复杂匹配方法(例如,最优匹配、完全匹配或比率匹配),则需通过更复杂的分析来解释组内观察值缺乏独立性的问题(Guo & Fraser, 2015)。

如果配对组的匹配度很高,则可采用主体间分析(如独立样本 t 检验)或主体内分析(如配对样本 t 检验)来估计处理效应。每种分析类型都有其理论和应用论据(Leite, 2017)。由于案例在多个特征上匹配,因此将匹配案例视为

相关观察对象并使用主体内分析在理论上是合理的。由于
参与者是根据一个总体协变量(倾向性评分)进行匹配的,因
此与随机选择或分配条件相比,个体特征将更加相似。奥斯
丁(Austin,2011)发现,尽管差异很小,相较主体间分析,对
匹配案例进行主体内分析得出的结果更加准确。假定倾向
性评分符合第1章中讨论的假设,使用主体内分析的一个优
势是,这些等式估计的误差方差往往比主体间分析的误差方
差小,可能会具备更强的统计效力。但是,如果倾向性评分
仅由几个变量计算得出,或者未包含影响选择偏误的所有协
变量,那么这种方法可能无法提供前后一致的结果。

由于我们比较的并非相同参与者,或者在足够多的特征
上并不匹配,因此其他研究者认为,将处理组的参与者和对
照组的参与者视为独立观察对象可能更合适。虽然组间倾
向性评分分布可能相似,但协变量本身并不相同(Stuart,
2010)。此外,谢弗和康认为,配对个体的分析结果不太可能
相关(Schafer & Kang,2008:298),如此,配对就无需使用主
体内分析。上述论点可能得出的结论是,用于构建倾向性评
分模型协变量的数量和质量决定了首选分析方法、使用配对
方法后协变量的平衡,以及配对案例在结果变量上的相
关性。

配对分析

较简单的设计可以使用较简单的分析。因此,如果使用
最优匹配或贪婪匹配的方法(即使用或不使用卡尺的近邻匹
配)进行一对一不放回匹配,则可以使用标准的单变量或多
变量分析来估计处理效应。

主体间分析可包括以下内容:

- 比较各组的单一连续结果变量时,采用独立样本 t 检验、单因素方差分析或普通最小二乘法;
- 比较各组的多个连续结果变量时,采用多变量方差分析(MANOVA)(如霍特林 T^2 检验或威尔克斯 lambda 检验);
- 比较各组的单一分类结果变量时,采用卡方检验或多项 logistic 回归法;
- 比较各组单个二分结果变量时,采用 logistic 回归。

主体内分析可包括以下内容:

- 比较各组单个连续结果变量时,采用配对样本 t 检验、重复测量方差分析或使用差异分数进行回归调整(Rubin,转引自 Guo & Fraser, 2015);
- 比较各组多个连续结果变量时,采用重复测量 MANOVA(如霍特林 T^2 检验或威尔克斯 lambda 检验);
- 比较各组单一二分结果变量时,采用麦克尼马尔检验。

复杂匹配分析

如果采用有放回配对、比率配对或完全配对法,则处理估计值必须考虑样本量不均等或观察对象内缺乏独立性的情况。主体间分析与配对匹配时使用的分析类似,但观察结果是加权的。例如,比较各组单个连续结果变量时,仍可使

用独立样本 t 检验,但必须对观察结果进行加权。加权值由处理组样本量与对照组样本量之比乘以每个案例配对数决定:

$$w_i = \frac{n_C}{n_T} \frac{m_{Tj}}{m_{Cj}} \tag{4.5}$$

其中,w_i 是每个案例的权重,n_C 是对照组参与者人数,n_T 是处理组参与者人数,m_{Tj} 是每个匹配群组(j)中与每个对照案例匹配的处理案例数,m_{Cj} 是每个匹配群组中与每个处理案例匹配的对照案例数。例如,假设我们使用 1∶3 的比率匹配,不进行放回,结果处理组中有 106 个案例,对照组中有 198 个案例。由于对照组案例数不到处理组案例数的三倍,我们知道并非所有处理组案例都会有三个匹配项。有些案例($n_T=57$)仅与一个对照案例匹配,有些案例($n_T=16$)与两个对照案例匹配,有些案例($n_T=26$)与三个对照案例匹配。每个处理组案例权重为 1,但处理组案例权重为($198÷106$)×($1÷m_{Cj}$),其中 j 为 1、2 或 3。如果一个处理组案例与一个对照组案例相匹配,则该对照组案例权重为 1.868;如果与两个对照组案例相匹配,则这两个对照组案例权重均为 0.934;如果与三个对照组案例相匹配,则每个对照组案例权重均为 0.623。按上述方法对观测数据进行加权后,还可使用其他统计方法,如 MANOVA、卡方关联检验、logistic 回归或多项 logistic 回归。尽管这是常见的加权方法,不过还可以使用其他方法(例如,Abadie & Imbens,2011,2016;Lehmann,2006)。

　　主体内分析考虑了结果之间的潜在相关性。因此,如果我们可以合理假设配对案例观察结果是相关的,就可以使用这些方法。分层线性模型(GLMM)(配对子集作为二级效应计算)和广义线性混合模型(配对子集作为随机效应计算)均可用于单一连续结果变量或单一二分结果变量。

其他倾向性评分方法分析

分层后分析

有两种常用方法估计倾向性评分分层后处理效应。一种是使用双因素方差分析,其中实验条件是一个因素,倾向性评分分层是第二个因素(Rosenbaum & Rubin, 1984)。例如,假设我们对两组进行比较,并根据倾向性评分将案例分为五等分。这将给我们一个2(处理条件)×5(倾向性评分分层)设计。我们将通过双因素方差分析检验处理效应,其中实验条件和分层作为主效应和双向交互效应被纳入模型中。分层主效应和交互作用项作为协变量,将倾向性评分方差分隔开来(见表4.4)。剩余的主体间方差(即处理主效应结果)应能为处理提供无偏估计值。在表4.4所示例子中,我们可以得出这样的结论:通过子分类计算倾向性评分后,处理组与对照组得分有显著差异,$F_{(1, 190)} = 42.756$,$p < 0.001$。

一种更常见的方法是对每个分层进行主体间分析,如独立样本或相关样本 t 检验,然后计算各分层平均效应估计值

表4.4 倾向性评分双因素方差分析源表

来 源	F	df	p
处理条件	42.756	1, 190	<0.001
分 层	5.869	4, 190	<0.001
条件分层	0.592	4, 190	0.669

（即 t 值或 d 值）（Shadish & Clark，2002），或分别解释每个
分层（Han，Grogan-Kaylor，Delva，& Xie，2014）。如果因
变量是分类变量，则可使用方差分析或多向频率分析。如
果因变量是计数数据，可以使用泊松或负二项回归。这种
方法与前一种方法类似，都是基于阶乘方差分析，区别在
于，此处我们仅研究简单的主效应，而非将分层项作为协变
量。按照上述 2×5 设计，我们将进行五次独立样本 t 检验，
每个分层一次（见表 4.5）。如果不同分层的影响显著不同，
此法则比因子方差分析更合适。在表 4.5 的例子中，所有均
差都在 3.1 和 5.3 之间，这表明无论选择处理组的概率如
何，处理组得分始终高于对照组。因此，这两种方法都可能
适用。但是，如果其中一个分层有负面影响，则第二种方法
更为准确。

表 4.5　用于考量倾向性评分的一系列独立样本 t 检验

分层	均差	t	df	p
1	5.234	5.288	49	<0.001
2	3.068	2.760	50	0.008
3	4.791	4.052	42	<0.001
4	4.250	2.635	26	0.014
5	3.400	1.555	23	0.134

倾向性评分加权

一些研究者认为，一旦对观察结果进行加权，就可以简
单地进行独立样本 t 检验或使用简单回归检验调整后的处
理效应（Holmes，2014）。然而，也有研究者发现，对观测数
据进行加权往往会使标准误被过度放大，从而导致处理效应
被低估（Clark，2015；Heckman et al.，1998）。可以通过使

用标准化或稳定化的权重,减少过度加权的观测值(Austin & Stuart,2015;Hirano & Imbens,2001;Robins,Hernán,& Brumback,2000),以及通过自举样本估计标准误(Reynolds & DesJardins,2009;Shadish et al.,2008)。如第 3 章所述,标准化和稳定化调整仅为对权重本身的修改,而非对处理效应分析的修改。然而,使用这些加权方法可能会降低倾向性评分极大(如 0.95)或极小(如 0.05)案例加权的可能性,以及标准误被夸大的可能性。如果这些因素得到控制,则可以使用传统的 t 检验。否则,可以通过引导加权平均差(即 ATE 或 ATT)的标准误来估计标准误差。将加权平均差除以自举样本平均标准误($t = \text{ATE/SE}$),即可计算出处理效应 t 检验的值。莱特(Leite,2017)在著作中更详细地解释了如何生成和应用这些标准误。

协变量调整

相较其他方法,使用倾向性评分进行协变量调整的方法更为简便,因为大多数计算机程序都能估计多元回归和方差分析。使用多元回归时,只需在模型中加入倾向性评分作为额外的预测变量即可(见方程 4.6):

$$\hat{Y} = a + b_1 X_i + b_2 e_{xi} \qquad (4.6)$$

其中,$\hat{Y}$ 是预测因变量,a 是常数,b_1 是处理组回归系数,X_i 是每个参与者的处理条件(0 = 对照组,1 = 处理组),b_2 是倾向性评分回归系数。使用方差分析时,处理条件是固定因素,倾向性评分是协变量。因此,处理效应是基于调整后的均值和标准误,而非原始的组均值和标准差。

双重稳健方法

谢弗和康(Schafer & Kang, 2008)发现,如果不对倾向性评分进行正确建模,模型可能无法充分减少选择偏误。如果倾向性评分模型不包括所有会导致选择偏误的协变量(即不可忽略的观察结果)、模型中使用的协变量存在多个缺失值,或错误指定协变量函数形式(即可能需要使用高阶项对协变量进行建模,如非线性趋势或交互作用),则可能出现模型指定错误。一种解决方案是在倾向性评分模型中加入交互作用或高阶项,谢弗和康则建议使用双重稳健方法,即在模型中同时包含个体协变量和倾向性评分。虽然沙迪什等研究者(Shadish et al., 2008)并未专门测试模型设定错误,但他们发现使用双重稳健方法往往能比单独使用倾向性评分方法减少更多偏误。

双重稳健方法可与上述任何调整方法一起使用。分析方法通常只需将协方差分析与其他程序结合使用。例如,在案例完成倾向性评分配对后,可采用双重稳健配对方法,随后运用双向协方差分析来估计处理效应。在这种情形下,可以运用配对匹配方法来选取用于分析的案例。接着,通过协方差分析对配对样本进行比较,如此便将用于创建倾向性评分的所有协变量都考虑在内了。同样地,可以使用协方差分析子分类和加权处理效应,其中涵盖了单个协变量以及倾向性评分的分层或加权。倾向性评分协变量调整会将倾向性评分和个体协变量当作协方差分析或回归中的协变量。

第 3 节 | 敏感性分析

在将倾向性评分方法应用于观测数据时,我们假定所有具有影响力的协变量都已被测量且包含在倾向性评分估计模型当中。然而,实际上,除了实验室或模拟研究之外,这种情况极少出现。当无法把未被观察到的协变量纳入倾向性评分模型时,常常会产生隐藏偏误。估计处理效应的敏感性分析是一种方法,用于检测在运用倾向性评分方法后,即便存在隐性偏误,处理效应估计的稳健性状况,以及当存在隐性偏误时,处理效应估计可能产生的偏误程度。令人遗憾的是,在 2018 年之前,许多著作似乎都忽视了敏感性分析,部分原因在于这些方法在大多数软件包中的可获取性有限。不过,评估估计处理效应对潜在隐性偏误的敏感性是极为重要的,如此一来,我们便能知晓:倾向性评分方法减少选择偏误的成效怎样,以及处理效应是否可靠(Rubin,1997)。

许多研究介绍了各种各样的方法,以测试经倾向性评分调整后处理效应的稳健性。部分方法包括:(1)针对二元结果未测量协变量的全似然函数(Rosenbaum & Rubin,1983);(2)罗森鲍姆(Rosenbaum,2002)基于随机化框架的逻辑模型界值;(3)用于二元结果上限和下限的线性编程方法(Kuroki & Cai,2008);(4)基于区域的可行方法,采用反概率加权(Shen，Li，Li，& Were，2011)；(5)基于倾向性评分的敏感性分析(Li，Shen，Wu，& Li，2011)。在这些方法之中，罗森鲍姆界值(Rosenbaum，2002)是最为常用的技术，原因在于其能够在一些统计软件包(例如 R)中得以运用。

罗森鲍姆界值

依据随机化推断原理，罗森鲍姆(Rosenbaum，2002)开发出一种敏感性分析方法，通过界值来评估当存在隐藏偏误时，处理效应估计不确定性增加的幅度(Keele，2010)。罗森鲍姆界值基本理念是以 Γ(未观察协变量系数对数)来衡量处理效应偏误(即偏离随机实验程度)。罗森鲍姆方法侧重于结果与处理条件之间关联的统计显著性(Gastwirth，Krieger，& Rosenbaum，1998；Liu，Kuramoto，& Stuart，2013)。罗森鲍姆敏感性方法涵盖原始敏感性分析、同步敏感性分析，以及双重敏感性分析，后者与原始敏感性分析相似。在原始敏感性分析中，接受处理与未观察到的干扰因素之间关系的比值比处于 $1/\Gamma$ 与 Γ 之间，其中 $\Gamma < 2$。推理统计(基于 p 值)通常用于检验 Γ 对处理效应的影响。例如，在运用威尔科克森符号秩统计量的罗森鲍姆敏感性检验中，如果当 $\Gamma < 2$ 时，处理效应推理检验结论发生改变，那么就视为处理效应模型对隐藏偏误敏感。换言之，如果在使用倾向性评分方法后，处理效应估计值显著，但当 $\Gamma < 2$ 时，Γ 的上界和下界 p 值变得不显著(例如，设定 $\alpha = 0.05$ 时，$0.02 < p < 0.08$)，那么效应估计值可能出现偏误。同样，如果采用倾向性评分方法后，处理效应估计值并不显著，但 Γ 的上下限 p 值变得显著(例如，上限值 $p < 0.05$)，且 $\Gamma < 2$，那么效应估计值可能会出现偏误。换言之，即便在依据观察到的干扰因素对处理效应进

行调整之后,估计的处理效应对于处理对结果的真实(无偏
差或经偏差调整)比值比也是敏感的。用于检测这种敏感性
的特定随机化检验取决于结果变量的测量尺度(如二元、连
续或定序)。不过,对于多组比较,可以运用不同的敏感性分
析功能。

同步敏感性分析

同步敏感性分析允许研究者检验处理效应对于未观察
协变量与处理条件和结果之间关系敏感性所产生的影响。
该方法运用了处理条件与未观察协变量之间关系比值比的
上限(Γ),以及结果与未观察协变量之间关系比值比的上限
(Δ)。其关键在于寻得一个阈值,在此阈值范围内,Γ 和 Δ 组
合结果并不显著,这表明处理效应估计对未观察协变量是敏
感的。例如,刘等研究者(Liu et al., 2013)提供了一个应用
实例,当 $\Gamma = 7.39$ 且 $\Delta = 1.84$ 时,自变量(接触母亲死亡这一
情况)的效应对未观察协变量变得敏感($p = 0.08$)。换言之,
在 $\Gamma = 7.39$ 和 $\Delta = 1.84$ 的情况下,母亲自杀身亡与后代因自
杀未遂而住院之间不再具有显著关系,这表明处理效应估计
对于未观察协变量具有适度敏感性。

第 4 节 | **本章小结**

　　倾向性评分方法旨在帮助研究者在估计处理效应时能够调整样本或统计分析方法，以矫正选择偏误。要使倾向性评分发挥有效作用，必须在应用倾向性评分方法之后，保持协变量平衡（例如，在对协变量进行匹配或加权之后），并且研究者必须依据所使用的特定倾向性评分方法展开恰当分析。协变量平衡状况通常通过组间协变量均差（选择偏误）或者组间协变量均差标准化差（标准化偏误）来进行评估。这两种偏误都应当相对较小（例如，SB＜5％）。本章末尾的检查表能够帮助研究者判断使用该方法之后，倾向性评分是否充分平衡了协变量。

　　运用贪婪（比如配对）类型的倾向性评分匹配时，假设匹配数据中所有协变量都是平衡的，那么就可以使用 t 检验等基础推断统计量估计匹配样本处理效应。然而，如果使用比率匹配或者有放回抽样，那么就需要首先依照匹配案例比率对案例进行加权。对于子分类，可以通过运行双因素（组×层）方差分析或者比较各层的组均值（使用 t 检验或单因素方差分析），将各层纳入组间比较。倾向性评分加权分析与复杂匹配方法类似，只不过加权是基于倾向性评分而非配对比率。使用倾向性评分调整协变量时，可以将倾向性评分作为协变量纳入方差分析或者多元回归。最后，为了确保处理效应估计值对于潜在隐性偏误具备稳健性，最后一步应当进行敏感性分析。

第 5 节 ｜ **示例**

　　利用在第 2 章中介绍的"游戏工作坊"数据，我们将展示如何评估倾向性评分匹配前后协变量平衡状况，检验倾向性评分匹配后处理效应，以及开展敏感性分析。本书的网站上提供了这些分析的基本代码，以及有关这些程序、输出结果和解释的更为详细的说明。本节中，我们仅展示部分样本分析的预期结果以及如何对其进行解释。

检查倾向性评分匹配前后协变量平衡的示例

统计检查

　　运用第 3 章第 4 节中近邻匹配法运行倾向性评分匹配程序之后，会生成新的匹配数据文件。众多统计软件包均提供了第 4 章第 1 节中描述的各类平衡统计量，能够检查配对数据中协变量是否达到平衡（例如，均差、标准偏误减少量或者偏误减少百分比）。表 4.6 列出了本示例使用近邻匹配、不放回配对（1∶1）匹配后的平衡结果。

　　可见，匹配前，倾向性评分均差为 0.102，标准化偏误为 75.03％，这表明每组倾向性评分均值存在很大差异。匹配后，倾向性评分均差减小至 0.006，标准化偏误为 4.45％，

表 4.6　近邻匹配前后协变量平衡结果

	匹配前					匹配后					
	处理组均值	对照组均值	对照组标准差	均差	标准化偏误(%)	处理组均值	对照组均值	对照组标准差	均差	标准化偏误(%)	偏误减少(%)
倾向性评分	0.236	0.133	0.105	0.102	75.03	0.226	0.220	0.118	0.006	4.45	93.66
s_gender	0.517	0.492	0.598	0.025	4.59	0.517	0.476	0.501	0.041	8.14	61.33
s_grade	4.483	4.494	0.500	−0.011	−2.21	4.483	4.490	0.502	−0.007	−1.36	38.62
S_CLIMATE_COMMUNITY	3.013	2.522	1.483	0.491	45.08	3.013	3.016	0.434	−0.003	−0.70	99.39
S_CLIMATE_SCHOOLSAFETY	2.565	2.305	1.539	0.260	18.88	2.565	2.465	1.266	0.099	8.07	61.83
S_CONFLICTRES_AGGRESSIVE	1.342	1.381	1.108	−0.039	−4.59	1.342	1.345	0.459	−0.003	−0.57	93.33
S_CONFLICTRES_RELATIONSHIPS	2.744	2.960	1.567	−0.217	−11.00	2.744	2.995	1.870	−0.252	−12.00	−16.21
S_CONFLICTRES_AGGBELIEF	1.516	1.598	1.185	−0.083	−8.70	1.516	1.553	0.632	−0.037	−5.92	54.70
S_LEARNING_RECESSEFFECT	2.501	2.188	1.810	0.313	23.19	2.501	2.540	0.674	−0.039	−6.01	87.68
S_LEARNING_SPORTSEFFECT	2.533	2.207	2.101	0.326	18.96	2.533	2.633	0.897	−0.100	−9.32	69.32
S_LEARNING_ENGAGEMENT	3.255	3.100	1.143	0.155	18.00	3.255	3.242	0.476	0.013	2.82	91.84
S_RECESS_ORGANIZED	2.056	1.850	1.241	0.206	21.40	2.056	2.111	0.583	−0.055	−9.69	73.19
S_RECESS_ENJOYMENT	3.602	3.504	1.240	0.098	10.63	3.602	3.637	0.499	−0.035	−7.79	64.22
S_YOUTHDEV_INTERACTIONS	3.320	3.073	1.592	0.247	20.60	3.320	3.290	1.157	0.030	3.24	88.00
S_YOUTHDEV_PEERCONFLICT	2.220	1.890	1.469	0.330	28.51	2.220	2.338	0.791	−0.118	−15.62	64.14
S_YOUTHDEV_PEERNONCONFLICT	1.844	1.461	1.734	0.382	29.22	1.844	1.787	1.168	0.057	6.00	85.18
S_PHYSICAL_SELFCONCEPT	1.730	1.645	1.067	0.086	11.16	1.730	1.744	0.229	−0.013	−6.11	84.53

意味着偏误显著降低。此外,标准化偏误小于 5%,符合卡利恩多和科派尼希(Caliendo & Kopeinig, 2008)推荐的最保守平衡标准。偏误减少百分比达到 93.66%,这也显示出总体偏误减少量相当大,意味着所有 16 个协变量偏误减少量均颇为可观。值得注意的是,尽管总体偏误减少量足够大,但是在某些方法当中,倾向性评分匹配或许会增大那些匹配前可能已经平衡的协变量偏误。由于匹配是基于倾向性评分进行的,而倾向性评分是所有协变量的总和,并非单个协变量,所以在匹配样本中过度纠正这些变量偏误或使偏误增加的情况并不少见。第 2 章的示例中,与其他学生关系(S_CONFLICTRES_RELATIONSHIPS)这一协变量与处理变量关系较弱,因此,这一协变量原本就是平衡的。表 4.6 中,可见此协变量(用粗体标出)匹配前均差为 -0.217,标准化偏误为 11%,然而匹配后,均差变为 -0.252,标准化偏误增加至 12%,偏误减少百分比为 -16.21%,表明匹配后偏误反而增加了。这种情况下,应当考虑将这个协变量从倾向性评分模型中删除。

图形检查

研究者还可以制作各种图表,以评估倾向性评分在减少选择偏误方面的效果。通过抖动图和直方图,可以直观地检查倾向性评分匹配前后的总体平衡情况,Q-Q 图则可用于衡量每个单独协变量的平衡情况。要生成这些图表,可以按照本书网站上提供的脚本进行操作。

例如,作为近邻匹配结果的一部分,抖动图(图 4.1)和直方图(图 4.2)均显示了处理组和对照组的倾向性评分分布。抖动图包括配对和未配对案例的倾向性评分分布。由于匹

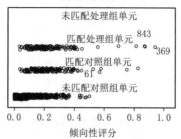

图 4.1 匹配和未匹配案例抖动图

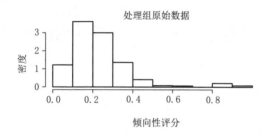

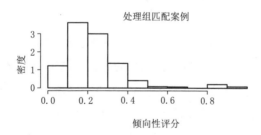

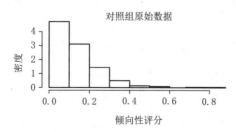

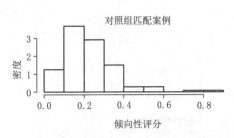

图 4.2   原始数据和匹配案例直方图

配了所有处理组案例,图 4.1 仅显示了三个分布。从中可见,匹配样本分布中的数据点显示出非常相似的模式,而未匹配数据点则堆积在分布的左侧附近。直方图包括匹配前的原始样本和匹配样本的倾向性评分分布。此处可见,相较匹配前分布,匹配后样本分布更为相似。

估算倾向性评分匹配后处理效应

处理效应分析估算可以通过多种方法实现。理论上讲,如果配对后所有协变量都十分均衡,就可对配对样本进行 t 检验。倘若某些协变量在匹配后依旧不平衡,就需要在最终处理估计中加以控制。通常做法是在协方差分析或回归分析中将协变量纳入处理效应模型。在此,我们以独立样本 t 检验为例说明,本书的网站也展示了其他类型的分析。该 t 检验的处理效应估计结果的解释方法与未调整推断统计量的解释方法相同。

表 4.7 展示了独立样本 t 检验的结果,该检验使用了第 3 章中通过近邻匹配程序获取的数据。将参与"游戏工作坊"项目(变量 S_TREATMENT)作为自变量,学生报告的课间

表 4.7　变量 S_CLIMATE_RECESSSAFETY 独立样本 t 检验结果

数据	处理组均值	对照组均值	独立样本 t	df	p	均值差	95% 下限	95% 上限	样本量 处理组	对照组
近邻匹配 1∶1	2.896	2.622	2.306	292	0.022	0.274	0.12	0.04	147	147
原始的	2.896	2.483	5.335	989	<0.001	0.413	0.163	0.662	147	844

安全感(变量 S_CLIMATE_RECESSSAFETY)作为因变量。结果表明,处理组学生课间安全感的平均得分显著高于对照组, $t_{(227)} = 2.306$, $p = 0.022$ 。这意味着,依据配对数据估算出的处理效应在统计上显著。虽然用未匹配原始数据进行 t 检验也能得出相同结论($t_{(989)} = 2.306$, $p < 0.001$),由于协变量偏误较小,匹配数据效果没有那么强,不过可能更准确。尽管观察到的协变量偏误有所减少,但倘若存在任何隐藏偏误,这种处理效应或许并不准确。因此,应当评估这种处理效应估计对隐藏偏误的敏感程度。

敏感性分析

本例使用罗森鲍姆 R 界值,检验配对数据处理效应估计对隐藏偏误的敏感性。表 4.8 展示了使用威尔科克森符号秩检验和罗森鲍姆界值检验计算 p 值的罗森鲍姆敏感性检验结果。在罗森鲍姆界值检验中, Γ 指的是由未观察到的因素导致的不同处理条件的比值。依照社会科学和行为科学的通常做法,我们将 Γ 的最大值设定为 2,增量为 0.1。由表可见,当 $\Gamma = 1$ 时,无额外干扰因素或隐藏偏误的情况下,处理效应估计值 $p = 0.011\ 3$ 。倘若增加 0.1,在 $\alpha = 0.05$ 时, p 值依然显著,这表明如果案例进入处理组的比值因为一个未观察到的协变量值不同而增加 1.1 倍,处理效应仍然显著。然而,当 $\Gamma=1.2$ 时,p 值增加至 0.086 1,表明效应不显著。这意味着,如果案例进入处理组的比值仅仅因为一个未观察协变量的数值不同而增加了 1.2 倍,即便其他 16 个协变量在处理组和对照组之间是平衡的,处理效应在统计上或许也不显著。换言之,只要未观察到的协变量导致选择偏误稍有增加,统计推论就会发生变化。

本书的配套网站 study. sagepub. com/researchmethods/qass/bai&clark 提供了进行敏感性分析的说明和代码、解释以及罗森鲍姆敏感性分析结果的带有注释的输出结果。

表 4.8　威尔科克森符号秩 p 值的罗森鲍姆敏感性检验

Γ	p 值	
	下界	上界
1.0	0.011 3	0.011 3
1.1	0.002 8	0.035 9
1.2	0.000 6	0.086 1
1.3	0.000 1	0.166 8
1.4	0.000 0	0.274 4
1.5	0.000 0	0.398 0
1.6	0.000 0	0.524 0
1.7	0.000 0	0.640 5
1.8	0.000 0	0.739 7
1.9	0.000 0	0.818 7
2.0	0.000 0	0.878 0

注:无额外干扰因素情况下处理效应估计值 $p=0.011$ 3。

协变量平衡测试检查表

☑ 对于倾向性评分模型使用的每个连续(定比或定距)协变量,运用方程 4.2 计算标准化偏误估计值,其是否小于 10%?

- 若答案为是,则假定该协变量达到良好平衡。

- 若答案为否,请检查倾向性评分估计模型以及任何未测量的协变量。

☑ 对于倾向性评分模型使用的每个分类(定类或定序)协变量,使用方程 4.3 计算标准化偏误估计值,其是否小于 10%?

- 若答案为是,则假定该协变量达到良好平衡。

- 若答案为否,请检查倾向性评分估计模型以及任何未测量的协变量。

☑ 使用方程 4.4 计算每个协变量偏误减少百分比,其是否超过 80%?

- 若某个协变量是平衡的,偏误减少了 80% 及以上,则倾向性评分方法显著降低了该协变量的选择偏误。

- 若某个协变量是平衡的,而偏误减少未达 80% 及以上,则该协变量在倾向性评分调整前可能已经足够平衡。

- 若某个协变量不平衡,但偏误减少了 80% 及以上,则在估计处理效应时使用双重稳健模型,将该协变量纳入统计模型。

- 若某一协变量不平衡,且偏误减少未达 80% 及以上,则倾向性评分调整未充分降低偏误。请尝试使用其他调整方法或在倾向性评分模型中加入更高阶的趋势检验。

本章学习问题

1. 利用一年级研讨会数据集(位于 study. sagepub. com/researchmethods/qass/bai&.clark)计算 10 个协变量中每个变量在任何统计调整之前的选择偏误和标准化偏误。

2. 使用一年级研讨会数据集中所有 10 个协变量计算倾向性评分,并使用不放回配对(1∶1)方法将参加一年级研讨会学生(Univ101＝1)与未参加学生(Univ101＝0)进行匹配(这与第 2 章问题 4 中的练习相同)。使用配对样本,计算每个协变量的下述内容:

(1) 选择偏误;

(2) 标准化偏误;

(3) 偏误减少百分比(使用问题 1 中估计值作为匹配前偏误);

(4) 匹配样本中是否仍存在不平衡的协变量(即 $d >$ 0.1 或 SB＝10%)?

(5) 是否存在偏误减少少于 80% 的协变量?

3. 使用问题 2 中生成的匹配样本,估算一年级研讨会项目对以下各项的处理效应:

(1) 第一年平均学分绩点(FirstYrGPA),使用独立样本 t 检验;

(2) 第二年的留级率(EnrollYr2),使用相关性卡方检验。

4. 使用原始的一年级研讨会数据集(匹配前),估计一年级研讨会项目在以下方面的处理效应:

(1) 第一年平均学分绩点(FirstYrGPA),采用独立样本 t 检验。这一结果与在匹配样本中得出的结果相比如何?

（2）第二年的留级率（EnrollYr2），采用卡方检验。这一结果与匹配样本的结果相比如何？

5. 使用问题 4 中结果，进行敏感性分析并确定以下内容：

（1）Γ 的 p 值高于临界值 0.05 意味着什么？

（2）在处理效应估计对隐藏偏误变得敏感之前，Γ 需要增加多少？

第5章

结　论

　　最后一章将探讨使用倾向性评分方法的局限性和约束，给出应对局限性的建议，总结前几章里最为重要的观点，并对倾向性评分方法的发展予以评论。尽管许多研究者发现倾向性评分方法在降低无随机分配因果研究中的选择偏误方面极为有效，但也有一些研究者觉得倾向性评分方法并非有效。所以，我们将讨论在哪些情形下倾向性评分方法可能无法得出无偏的结果。本章将对减少倾向性评分方法局限性的替代办法或建议展开探讨。

第 1 节 | **倾向性评分方法的局限性及应对方法**

研究者在认可倾向性评分方法优点的同时,也必须明晰这些方法的局限性。研究者有责任提供充足的实证证据,证明他们在运用倾向性评分方法之后控制了潜在的局限性,解决了未解决的问题,并恰当地阐释了研究结果(Pan & Bai,2016)。虽然倾向性评分方法旨在降低观察性研究中的选择偏误并提升内部效度,但是倘若倾向性评分使用不当,也存在增加偏误的可能。

隐藏偏误

如果不符合可忽略性假设(或不可忽略的处理分配),研究者即便使用倾向性评分方法,或许也无法获取无偏的处理效应估计值。从理论上来说,在考虑了一系列观察到的协变量之后,处理条件的分配将与结果以外的任何变量无关。因此,这一假设要求在估算倾向性评分时,必须对所有干扰变量进行测量和恰当建模。倾向性评分只能通过观察到的协变量来估算,但可能还有其他未知的干扰因素会对处理效应产生影响。所以,在实践中,这一假设可能无法得到满足,因为当倾向性评分模型中遗漏了未观察到的协变量时,通常会存在隐藏偏误(Joffe & Rosenbaum, 1999;Rosenbaum & Rubin, 1983;Rubin, 1997)。因此,这些缺失的预测因素或干扰因素可能会严重影响倾向性评分估计值的准确性,以及其充分降低处理效应选择偏误的能力(Greenland, 1989;Hosmer & Lemeshow, 2000;Rothman, Greenland, & Lash, 1998;Weitzen, Lapane, Toledano, Hume, & Mor, 2004)。

虽然我们或许无法顾及所有的隐藏偏误的来源,因为有些偏误不易测量或者获取,但我们能够通过精心的设计规划来对隐藏偏误的来源加以限制。最佳方式是在理论指导下,对协变量因素进行深思熟虑的全面筛选。理想状况下,我们应当在倾向性评分估计模型中纳入所有能够测量的、不平衡的、有影响力的协变量(Pan & Bai, 2016)。鉴于隐藏偏误存在的可能性,开展敏感性分析以测试最终处理模型对潜在未观察协变量隐藏偏误的稳健程度也十分重要(Pan & Bai, 2016;Rosenbaum & Rubin, 1983)。倘若敏感性分析结果显示省略某个协变量可能会改变处理效应,研究者就应该仔细阐释处理效应估计值对隐藏偏误的敏感程度(Li et al., 2011)。

倾向性评分匹配问题

倾向性评分匹配法或许是倾向性评分方法中最受欢迎的一种,因其能够创建出可复制随机设计案例的样本而闻名(Rosenbaum & Rubin, 1985)。然而,过去几年中,这种方法也遭受了诸多批评（如 King & Nielsen, 2016；Pearl, 2010）。首先，倘若存在隐藏偏误，依据倾向性评分进行匹配将无法产生具有可比性的组，因为倾向性评分未被正确建模。其次，倾向性评分匹配要求其具有充分的重叠或共同支持。若是共同支持不足，匹配数据就无法代表原始样本，因为匹配常常会舍弃不相似的案例。所以，匹配极有可能会放弃倾向性评分极高或极低的案例，这意味着我们或许无法将使用匹配数据获得的处理效应推广至原始样本所代表的人群。倾向性评分匹配的第三个问题在于，研究者往往难以找到最契合自身研究的匹配方法。正如我们之前所探讨的，倾向性评分匹配存在众多选择，研究者发现最佳方法通常取决于数据的具体状况或倾向性评分的估算方式（Harder et al., 2010；Lee et al., 2010；Pan & Bai, 2015a；Stone & Tang, 2013）。例如，偏误减少程度因是否进行有放回匹配而差异巨大（Pan & Bai 2015a），当样本量较小时，这种影响尤为显著。偏误减少或可受到每个处理案例匹配的对照案例数量影响。倘若对照案例数多于处理案例数（或反之亦然），比率匹配（$1:m$ 或 $m:1$）可能会具有优势。这种匹配方式能够让我们利用更多原始样本信息来代表目标人群，从而提升结果估计的外部效度或可推广性。

尽管存在这些批评意见，理论上来说，倾向性评分匹配依然是提升观察性研究中因果推论有效性的良好方法。关键并非在于方法本身，而是在于是否运用得当。首先，研究者应当充分知晓使用倾向性评分方法的假设条件。其次，依据数据具体特征选取恰当的匹配方法极为重要。最后，依照倾向性评分进行匹配之后，必须检查协变量的平衡状况。倘若倾向性评分匹配之后仍有一些协变量不平衡，那么就应当在处理效应估计模型中对这些协变量加以控制。最后，必须运用敏感性分析来解决倾向性评分匹配之后，因果效应估计针对未观察到协变量的稳健性问题。

样本减少或排除

配对的特性是，只有配对案例得以保留并被用于分析，未配对案例则被排除。然而，剔除大部分案例会显著缩减样本量。众多案例被排除会引发两个潜在问题：(1)新的匹配数据集可能不再代表目标总体；(2)这可能会降低估计处理效应时的统计效力(Bai，2011；Weitzen et al.，2004)。当处理组和对照组之间缺乏足够的共同支持时，此种情况最易出现，在此情形下，研究者不应采用倾向性评分匹配。

减少共同支持缺失的方法之一是运用大样本(Rubin，1997)。大型数据集不但能提升组间共同支持度，还能产生比小样本量数据更稳定的结果(Bai，2011；Hirano，Imbens，& Ridder，2003；Månsson，Joffe，Sun，& Hennessy，2007；Rubin，1997)。虽然罗森鲍姆和鲁宾(Rosenbaum & Rubin，1983)认为倾向性评分方法能够充分消除样本量较大或较小的观察性研究中的偏误，但其他学者(Bai，2011；Rubin，1997)发现，在运用倾向性评分方法进行因果推论时，较大的数据集(如全国数据)能够提供更稳定的结果。限制匹配时舍弃案例数量的第二种方法是采用复杂的匹配方式。例如，最优匹配、完全匹配和有放回匹配通常会比卡尺匹配或不放回匹配选取更多的匹配结果，因此，在样本量较小的情形下，它们是更优选择。

倾向性评分加权问题

倾向性评分加权法在应对复杂数据（如嵌套或纵向数据）以及限制样本量缩减方面，相较倾向性评分匹配具有一定优势。然而，倾向性评分加权依旧容易受到隐藏偏误影响，且有可能导致案例权重过大。例如，在运用反向处理概率加权方法时，倾向性评分较低的处理组案例和倾向性评分较高的对照组案例或许会被赋予极大的权重。这种加权会增大估计处理效应的变异性和标准误（Austin & Stuart，2015），进而降低统计效力。在估计倾向性评分时，倾向性评分加权对于模型的错误设定也颇为敏感（Freedman & Berk，2008），这会产生负面效应，从而增加估计处理效应时的偏误（Harder et al.，2010；Olmos & Govindasamy，2015；Stone & Tang，2013）。

为解决上述问题，应当考虑采用其他类型的加权方法。此类方法涵盖稳定加权法，该方法使用总体样本中处理组和对照组案例的边际概率（Lee，Lessler，& Stuart，2011），以及修剪加权法或截断加权法，这两种方法均使用权重分布分位数设定阈值（Cole & Hernán，2008），以规避权重过大问题（Austin & Stuart，2015）。针对模型设定错误问题，研究者应当检验模型拟合度，以有效运用倾向性评分加权方法。

第 2 节 ▏ **倾向性评分方法总结**

协变量选择

倾向性评分方法旨在修正不完善的设计,从而得出有力的因果结论。倾向性评分方法通常应用于现有的观察数据,然而,在无法将参与者随机分配至不同的研究条件的情境下,运用此方法亦有益处。研究者应预先明确收集哪些协变量数据,如此才能让倾向性评分方法最为有效地降低选择偏误。故而,在研究起始时,仍需对设计进行大量规划。此种情形下,有必要考量最有可能影响条件选择的协变量,以及这些协变量与结果变量的关系。确定此点的最佳方式是进行全面的文献综述并咨询专家,这会使研究者能够收集这些特定变量的数据,并使其尽可能考虑到所有不可忽略的偏误来源。遗憾的是,研究者时常会发现自己不得不挽救一项数据已收集完毕但设计欠佳的研究。这带来了一个相当大的问题,即研究者可能没有数据来构建良好的倾向性评分。这种情况下,研究者依然能够估算并应用倾向性评分方法,但需留意,倾向性评分方法或许无法充分减少选择偏误的问题。

总之,最优的倾向性评分是基于以下协变量估算的:(1)与处理条件和结果均相关的协变量;(2)在处理前测量的协变量；(3)考虑到所有偏误来源的协变量。虽然我们不可能顾及所有的选择偏误来源，但通过选取在任何数据收集之前测量的协变量，能够增加考虑到大多数偏误来源的可能性。

利用现有变量，我们能够对哪些变量与处理条件和结果变量相关进行统计检验。在两组设计中（即比较一个处理组和一个对照组），我们能够使用方程 4.2 和方程 4.3 计算标准化偏误。任何协变量，只要其偏差超过较小（即 SB＞10％或 $d>0.1$）或轻微（即 SB＞5％或 $d>0.05$）的程度，都值得被考虑纳入倾向性评分模型。虽然能够使用其他推论统计量来评估协变量与处理条件之间的关系，但使用效应或标准化偏误不太可能受到样本量大小的影响。同样，每个协变量与结果变量之间的关系也能够用效应大小来评估。皮尔逊或斯皮尔曼相关性可用于连续协变量和连续结果数据分析；标准化均差可用于二分协变量和连续结果数据分析；比值比可用于连续或分类协变量和二分结果数据分析。同样，任何与结果变量关系超过较小或轻微的协变量都值得在模型中加以考量。

如果协变量与处理条件和结果均相关，则务必将其纳入倾向性评分模型。虽然仅与结果变量相关的协变量对协变量平衡的影响有限，但它仍可能影响处理效应，因此，模型中也应涵盖这些变量。如果协变量与处理条件相关，但与结果变量无关，研究者必须考虑时间优先性。请记住，倾向性评分是用于衡量某些特征对自我选择条件的影响，这就要求协变量在处理分配之前就已存在。如果协变量是在处理后测量的，那么它就不是预先存在的特征，可能会受到处理的影响。因此，如果与处理条件相关的协变量是在处理前测量

（或存在）的，则应将其包括在内。

倾向性评分估计

　　尽管估计倾向性评分的方法多样，但最常用的两种为 logistic 回归法和基于树的集合方法。这两种方法均可纳入多个分类和连续协变量，并依据协变量与处理条件的相关关系对倾向性评分进行加权，即与处理条件关系紧密的协变量在倾向性评分模型中的权重高于关系较松散的协变量。logistic 回归较为简便，因其使用的建模方式与普通最小二乘回归相似，且多数统计软件包中均具备此方法。基于树的集合方法更为稳定（也更具普适性），因其不仅集合了协变量，还集合了多个倾向性评分模型。虽然部分研究者更倾向于其中一种方法，且发现估计方法间存在细微差异，但只要模型中涵盖所有不可忽略的协变量，那么无论使用哪种方法，都能构建良好的倾向性评分。

　　无论运用哪种方法，所得出的倾向性评分均为处于处理条件下的预测概率，多数统计软件包会自动提供这些值（通常标记为非标准化预测概率）。倾向性评分接近 1 的参与者极有可能被分至处理组，而倾向分数接近 0 的参与者很可能被分至对照组。若倾向性评分分布不符合正态分布，则可通过对数变换对倾向性评分进行转换，以降低偏度。

倾向性评分的共同支持

　　在运用倾向性评分进行调整前，必须评估其共同支持度。能够使用图表、效应大小或推论检验来对比倾向性评分组间差异。仅需对比各组倾向性评分直方图,研究者即可看到倾向性评分分布的重叠程度。重叠度越高或共同支持度越高,则倾向性评分调整后各组的可比性越强。倾向性评分均差和标准化均差提供了重叠程度的量化值,这些差值应当是极小的。虽然对于可接受的组间均差并无明确标准,但鲁宾(Rubin, 2001)建议,标准化均差应小于可接受的组间均差。

也有研究者(Bai, 2015)建议,处理组中一定比例(如75%)的倾向性评分与对照组中倾向性评分范围重叠。倾向性评分分布之间的差异也可通过推理(或显著性)检验来评估,如独立样本 Kolmogorov-Smirnov 检验。但需注意的是,这些假设检验受样本量过小或过大的影响,或许不适用于倾向性评分,因为其目标并非将倾向性评分分布推广至总体中。若倾向性评分分布彼此相似,则符合充分共同支持假设。然而,若违反了这一假设,那么每种调整方法都会存在各自的问题。贪婪匹配法会导致几个匹配不佳,卡尺匹配法会舍弃几个案例,子分类法在最高层和最低层的单元格大小将不相等,而倾向性评分加权法可能会使倾向性评分极高或极低的案例权重过大,协变量调整法可能会在一个或两个组别中受到协变量范围的限制。

调整方法概述

获取倾向性评分后,可以运用不同方法调整选择偏误。最常用的四种倾向性评分调整方法为匹配法、子分类法、加权法和协变量调整法。

倾向性评分匹配法

匹配法是依据倾向性评分的接近程度,从处理组和对照组中识别并配对或分组相似案例。最为实用的匹配类型包括近邻匹配、卡尺匹配、最优匹配和完全匹配。虽然所有匹配方法通常均可减少偏误,但卡尺匹配和最优匹配一直是减少偏误最常用的方法。除了改变匹配类型外,还可采用其他方式进行倾向性评分匹配,如有放回匹配或使对照组参与者人数多于处理组。这两种方法均可提高所有处理组案例与对照组案例匹配的可能性。

子分类法

子分类法根据倾向性评分将所有参与者划分为若干类别或分层,使每个分层均包含处理组和对照组的参与者。虽然子分类法通常允许纳入所有案例,但有些单元可能仅包含极少案例或没有案例,减少分层数量或改变将参与者划分至特定分层的切点或许会减少这种情况。切点能够用百分位数区间(如每个分层中20%的案例)或倾向性评分区间(如每个分层中倾向性评分范围为0.2)来定义。

倾向性评分加权

加权法试图通过将观察结果乘以基于倾向性评分的权重来平衡处理组和对照组。有两种常用的倾向性评分加权估计器可用于计算:(1)用倾向性评分倒数对处理组和对照组的观测值进行加权,得出平均处理效应(ATE);(2)通过进行对照组观测值倾向性评分比值加权,得出处理组参与者平均处理效应(ATT)。虽然近年来倾向性评分加权法愈发流行,但必须留意的是,它对异常值和模型设定错误极为敏感。

协变量调整

倾向性评分可用作方差分析或多元回归中的协变量。协变量调整需考虑倾向性评分与因变量之间的相关性，以及减少一组协变量对结果估计值的干扰效应。尽管许多研究发现这是一种有效消除偏误的方法，但也有研究者认为，这种方法对违反方差分析统计假设的情况不具有稳健性。当仅使用倾向性评分进行协变量调整不够充分时，使用双重稳健模型（除倾向性评分外，还包括个体预测因素）可减少额外的选择偏误。

检验协变量和倾向性评分平衡性

一旦对观察结果进行了统计调整，就必须评估倾向性评分方法在处理组和对照组之间如何平衡各个协变量。虽然研究者能够使用假设检验（如 t 检验）来检验连续协变量的平衡性，或使用卡方检验来检验分类协变量的平衡性，但这些检验结果应得到其他平衡性检验的支持。研究者一般倾向于使用标准化偏误估计值和偏误减少百分比来确定倾向性评分方法减少选择偏误的程度。

估计处理效应

若采用倾向性评分匹配法，令每个处理组案例与一个对照组案例相匹配，则可运用传统的单变量或多变量检验法得出调整后的处理效应。对于大多数研究，我们建议采用主体间分析来估算处理效应(即针对一个结果变量进行独立样本 t 检验或相关性卡方检验,针对多个结果变量进行霍特林 T^2 检验)。倘若处理组案例和对照组案例基本匹配,则可运用主体内分析(即针对一个结果变量进行配对样本 t 检验或麦克尼马尔检验,针对多个结果变量进行霍特林 T^2 检验重复测量)。若采用了复杂匹配,那么在运用主体间单变量或多变量检验之前,必须对观察结果进行加权。分层线性模型或考虑匹配子集的广义线性混合模型可用作主体内分析(见表5.1)。

表 5.1 用于配对匹配的检验

	结果变量	单变量	多变量
主体间分析	连续变量	● 独立样本 t 检验 ● 单因素方差分析 ● 普通最小二乘回归	● 霍特林 T^2 检验 ● 威尔克斯 lambda 检验
	分类变量	● 相关性卡方检验 ● 多项逻辑回归 ● logistic 回归	
主体内分析	连续变量	● 配对样本 t 检验重复测量方差分析 ● 差分分数回归调整	● 霍特林 T^2 检验重复测量 ● 威尔克斯 lambda 检验重复测量
	分类变量	● 麦克尼马尔检验	

在使用倾向性评分子分类法估计处理效应时,存在两种常见的方法。一种方法为使用双因素方差分析,其中处理条件为第一个因素,倾向性评分分层为第二个因素(Rosenbaum & Rubin, 1984)。另一种方法是针对每个分层进行主体间分析,例如独立样本 t 检验。若因变量为分类数据,则能够使用卡方检验或多向频率分析。若因变量为计数数据,则可使用泊松回归或负二项回归。

与复杂匹配相同,一旦对观测值进行加权,即可进行传统的主体间分析(如表 5.1 所列分析),前提是不存在极高或极低的倾向性评分。若存在极端倾向性评分,可以使用非稳定化或稳定化权重及自举样本估计标准误来控制权重过大问题。使用倾向性评分进行协变量调整,仅需将倾向性评分作为协变量纳入方差分析或多元回归即可。

敏感性分析

可忽略性假设(或不可忽略的处理分配)或许是运用倾向性评分方法时最常被违背的假设,当研究者未包含所有导致选择偏误的协变量时,便会出现此种情况。出现这种状况的原因众多:研究者可能在收集数据时忽略了造成偏误的协变量(例如,无法识别干扰变量);数据收集存在困难(例如,无法获取敏感信息);这些协变量不可测量;二手数据未包含协变量。无论怎样,我们必须考虑到研究有效性或许会受到这种隐藏偏误的影响。因此,应当运用敏感性分析来确定处理效应的可靠性,以及尽管存在潜在的隐藏偏误,处理效应的稳健性如何。虽然进行敏感性分析的方法众多,但罗森鲍姆(Rosenbaum,2002)的方法最为常用。

该方法包含根据随机化框架的逻辑模型设定界值,即能够接受的处理估计值区间。研究者通过引入一系列假设的(即模拟的)协变量来改变可能的进入处理组的可能性比值,以了解这些比值对处理效应的影响程度。此时,处理效应已通过倾向性评分方法进行了调整,因此我们正在检验是否有必要将假设协变量纳入倾向性评分模型。

理想状况下,协变量应当是有可能影响处理分配和结果,但未被纳入分析的变量,并且其选择偏误程度各异(即与处理条件和/或结果有中度到强的相关性)。理论协变量代表了研究中可能存在的隐藏偏误。若包含的理论协变量在限值范围内,则能够合理地得出结论:协变量对研究的影响不大,不会改变处理效应估计值的结论。

第 3 节 ｜ 总结与评述

倾向性评分方法是否值得一试

在评估干预措施有效性时,成本效益分析是不可或缺的。许多研究者认为,实施本书所述方法中的倾向性评分方法是值得投入时间和努力的,然而,研究者也应意识到使用这一方法的局限性和挑战。本节将总结支持与反对采用倾向性评分方法以减少选择偏误的观点。

支持使用倾向性评分方法的观点包括:

- 适当应用时,该方法能显著降低偏误。多项方法论研究表明,无论采取何种具体方法,倾向性评分方法均能有效减少非随机比较中的选择偏误(Austin & Schuster, 2016; Bai, 2011; Dehejia & Wahba, 2002; Harder et al., 2010; Shadish et al., 2008; Stone & Tang, 2013)。

- 与传统的协变量调整或匹配方法相比,倾向性评分方法在减少偏误方面通常更为有效(Grunwald & Mayhew, 2008; Stürmer et al., 2006)。这可能源于模型的差异,传统的协变量调整,如方差分析和多元回归,虽能减少协变量的影响,但这些方法不一定能改善处理组之间的平衡。而倾向性评分是基于协变量对处理分配预测程度而非结果来建模的,因此各组间更有可能达到等效。传统匹配和子分类方法使用单个协变量,这些方法同样存在问题,因为对于连续变量,尤其是在对多个协变量进行匹配时,往往很难找到完全匹配的情况。

批评倾向性评分方法的观点指出:

- 与其他同样有效的方法相比,倾向性评分方法需要研究者投入更多的时间和精力。尽管施蒂默尔等人(Stürmer et al.,2006)的元分析中有几项研究发现,倾向性评分比传统协变量调整更能减少选择偏误,但许多研究并未发现两种方法之间有显著差异。值得注意的是,他们也指出许多倾向性评分研究可能未得到恰当执行。谢弗和康(Schafer & Kang,2008)认为,许多传统调整方法也可能存在选择偏误问题。即在调整选择偏误时,不仅需使用协变量,还需考虑协变量与处理条件之间的交互作用,即便如此,也不能完全消除选择偏误。

- 还有如选择模型和基于聚类的方法等其他方法,它们与倾向性评分方法一样能减少偏误(D'Attoma, Camillo, & Clark, 2017; Heckman & Navarro-Lozano，2004）。

有人建议可以在特定条件下使用倾向性评分方法：

- 虽然匹配是倾向性评分最常见的方法之一，但这一方法最近受到了批评。一些研究者（King & Nielsen，2016；Pearl，2010）声称，与预期目的相反，倾向性评分匹配实际上可能会增加协变量不平衡和处理偏误。尽管金和尼尔森认为其他倾向性评分方法不太可能出现这种情况，并且仍然提倡其他形式的匹配，但他们建议研究者避免使用倾向性评分进行匹配。

- 尽管生物统计学家普遍赞成加权，但许多研究者认为，当许多倾向性评分非常接近于 1 或 0 时，加权可能不是一个合适的步骤（例如，Austin，2011；Lanehart et al.，2012；Shadish & Steiner，2010）。尽管权重已经标准化和稳定化，但权重过大的问题仍有可能发生。另一些研究表明，加权对模型设定错误特别敏感（Freedman & Berk，2008；Kang & Schafer，2007），尽管这也会影响其他方法。

- 如前所述，使用倾向性评分进行协变量调整的一个主要问题是，使用方差分析时如何满足假设。这不仅关系到倾向性评分是否符合假设，也关系到各个协变量是否符合假设。如果协变量之间存在异质性（D'Agostino，1998；Rubin，2001），或

者协变量或倾向性评分与结果不呈线性关系
(Rosenbaum，2010)，则不建议研究者使用这种
方法。

倾向性评分方法并非万灵药

尽管大多数研究者都主张在适当条件下使用倾向性评
分方法，但我们必须知道，由于本章第 1 节中讨论的局限性，
倾向性评分方法并不能解决所有问题。我们必须小心谨慎，
不要相信应用倾向性评分方法就能确保处理效应估计是无
偏的，这种方法可以提高处理效应估计的准确性，但前提是
使用得当并满足假设条件。在某些特定领域，有一些实施倾
向性评分方法的指导原则（见图 5.1）。例如，有效教育策略
资料中心（What Works Clearinghouse，2017）针对教育领域
提出了几条关于倾向性评分何时符合其标准的注意事项，其
中一些我们已经谈及，如：倾向性评分模型中使用的协变量

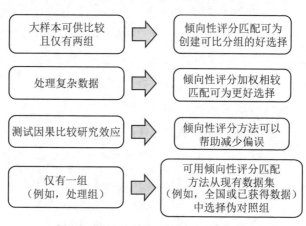

图 5.1　使用倾向性评分方法的一般指导原则

必须在干预前测量；协变量必须平衡。其他指导原则超出了正常的倾向性评分方法程序，例如：倾向性评分调整必须适用于测试前后的观察结果；研究者必须使用双重稳健方法，即在估计处理效应时，如果协变量不平衡，则将协变量和倾向性评分都纳入分析模型。

请注意，如果倾向性评分本身的建模不正确（即模型设定错误），统计调整的假设不符合要求，或者没有足够的共同支持，那么倾向性评分方法将无法充分减少偏误。如果倾向性评分模型未包含所有导致选择偏误的协变量（即不可忽略的观测值），模型中使用的协变量存在多个缺失值，或协变量的函数形式被错误设定（即协变量可能需要使用高阶项来建模），则可能出现模型设定错误。如果不符合方差分析的假设条件，则使用倾向性评分进行的协变量调整可能无效。可能存在的问题有：倾向性评分是异方差的，与因变量不呈线性关系；组间方差是异方差的；倾向性评分与每个处理组因变量的相关性可能不一样。当倾向性评分分布偏斜时，加权也可能出现问题，而这种情况很常见。虽然一些方法可以减少极端分数的加权，但可能无法完全解决问题。最后，较差的共同支持通常会导致丢弃案例（使用卡尺匹配和子分类）或较差的匹配（使用贪婪匹配或子分类），或者可能会增加违反前面提到的某些统计假设的可能性。虽然剔除极端倾向性评分案例可能会提高有限样本研究中因果效应估计的准确性，但也会增加将结果推广到目标总体的难度。有人可能会认为，放弃倾向性评分低的案例没有问题，因为这些参与者不太可能进入处理组。然而，在加权之前进行卡尺匹配或修剪可能会删除倾向性评分高的案例，这就有问题了，因为我们希望了解那些最有可能进入处理组的参与者的处理效应。

统计软件

前几章中，我们介绍了倾向性评分估计公式、匹配方法和处理效应估计，但很少有研究者真正应用倾向性评分方法，大多数人使用的是预先打包好的统计软件。虽然有多种统计程序和宏支持倾向性评分方法的应用，但实际上任何能计算 logistic 回归的统计软件包都能帮研究者估算倾向性评分。不过，最常用的软件包会自动计算倾向性评分，并在几种可用的倾向性评分匹配算法中择其一对案例进行匹配。其中一些软件包还能估算调整后的处理效应。此外，其中一些软件包将倾向性评分与调整方法分开估算，而另一些软件包则允许研究者在估算处理效应的同时无缝执行倾向性评分程序。在运行特定的倾向性评分方法时，每个软件包都有自己的优缺点。由于这些软件包的功能和选项经常升级，我们没有在本书中提供特定软件包的具体信息。不过，本书的配套网站（study.sagepub.com/researchmethods/qass/bai&clark）提供了常用软件包（如 R、SPSS、STATA 和 SAS）的说明。网站介绍了这些程序的统计功能、获取这些程序的说明、实现倾向性评分方法的代码以及解释结果的注释输出。我们会定期维护网站内容，确保在线资料的时效性。

倾向性评分方法的发展与趋势

过去二十年中，倾向性评分方法有了一些发展。虽然其中一些方法并不常用,但许多方法已经成为某些领域的常用方法或预期方法。由于本书的主要内容是倾向性评分方法入门,我们不会介绍所有这些方法,但会在本节中简要介绍其中的一些方法及其参考文献。

自举倾向性评分估算使用多个自举样本的倾向性评分均值,而非单个样本的倾向性评分(Bai,2013)。这一过程包括随机抽取一定数量的自举样本(B,例如 $B=200$),估计每个新样本的倾向性评分(使用第 2 章第 2 节描述的方法之一),并计算每个案例倾向性评分的均值。倾向性评分均值用于平衡处理组,而非单样本倾向性评分。虽然白海岩发现,单样本倾向性评分与自举样本倾向性评分之间差异很小,但从理论上讲,自举估值应该更加稳定。

分层倾向性评分方法用于嵌套设计,其中完整的组的组内相关性有助于处理效应的估算(Hong & Raudenbush,2005;Schreyögg,Stargardt,& Tiemann,2011;Wang,2015)。洪和劳登布什采用多层次倾向性评分子分类法,在两个层次上创建倾向性评分:学校(学校是否保留学籍)和学生(个人是否被幼儿园保留学籍)。根据学校层次的协变量估算出学校的倾向性评分,根据学生层次的协变量估算出学生(就读于允许保留学籍的学校)的倾向性评分,对学校和学生进行分层的依据是倾向性评分。有些研究在两个层次都不具有可比性的情况下使用了双重匹配策略。实践中,如果仅在一个层次上考虑一组协变量后,处理组和对照组不具有可比性,则可只在一个层次上进行匹配(Wang,2015)。

权重稳定化(Harder et al.,2010;Robins et al.,2000)是对倾向性评分权重进行的统计调整,包括每个处理条件的倾向性评分均值。具体公式见第 3 章第 2 节的第 2 部分内容。这种类型的权重用于减少因倾向性评分过高或过低而导致的过度加权和变异性膨胀。

双稳健方法是对处理估计值进行统计调整,同时考虑倾向性评分和个体协变量(Kang & Schafer,2007;Shadish et al.,2008)。当倾向性评分模型被错误设定时,这些调整往往是必要的,遗憾的是,我们往往不知道模型是否正确。为确保处理估计无偏,有效教育策略资料中心(What Works Clearinghouse,2017)建议教育研究者始终使用这一方法,以达到他们的准实验标准。遗传匹配可用于测试双重稳健方法的必要性(Diamond & Sekhon,2013)。GenMatch 算法使用最优匹配自动评估所有协变量和倾向性评分的整体不平衡性。该算法会为所有协变量和倾向性评分创建权重,以确定哪个方程能最好地平衡协变量。如果倾向性评分模型正确,则所有其他协变量的权重为零。然而,如果模型设定有误,其他协变量将根据它们在平衡处理组方面的作用程度进行加权。

贝叶斯倾向性评分分析(BPSA)将贝叶斯定理与倾向性评分相结合,以考虑真实倾向性评分的不确定性(An,2010;McCandless,Gustafson,& Austin,2009)。传统的倾向性评分法将倾向性评分作为单一的、综合的观察变量来建模,假定倾向性评分是参与者处于特定处理条件下的真实概率。然而,BPSA 将倾向性评分视为潜在变量。虽然传统倾向性评分模型选择协变量时通常会考虑结果与单个协变量之间的关系,但在 BPSA 中,倾向性评分的条件分布取决于结果。换言之,倾向性评分是根据协变量、处理条件和结果变量来建模的。此外,这种方法能同时估计倾向性评分和处理效应,因此分析效率更高。麦坎德利斯等学者(McCandless et al., 2009)发现,当协变量不平衡程度较小时,BPSA 尤其有效;安(An, 2010)发现,BPSA 估算的标准误比传统倾向性评分方法更为准确。

参考文献

Abadie, A. & Imbens, G. W. (2011). "Bias-corrected Matching Estimators for Average Treatment Effects." *Journal of Business & Economic Statistics*, 29, 1—11. doi: 10.1198/jbes.2009.07333.

Abadie, A. & Imbens, G. W. (2016). "Matching on the Estimated Propensity Score." *Econometrica*, 84, 781—807. doi: 10.3982/ECTA11293.

Ahmed, A. et al. (2006). "Heart Failure, Chronic Diuretic Use, and Increase in Mortality and Hospitalization: An Observational Study Using Propensity Score Methods." *European Heart Journal*, 27(12), 1431—1439.

Allison, P. (2012). *Logistic Regression Using SAS: Theory and Application* (2nd ed.). Cary, NC: SAS Institute.

Almond, D. (2006). "Is the 1918 Influenza Pandemic Over? Long-term Effects of *In Utero* Influenza Exposure in the Post-1940 U.S. Population." *Journal of Political Economy*, 114(4), 672—712.

An, W. (2010). "Bayesian Propensity Score Estimators: Incorporating Uncertainties in Propensity Scores into Causal Inference." *Sociological Methodology*, 40, 151—189.

Austin, P. C. (2009). "Using the Standardized Difference to Compare the Prevalence of a Binary Variable between Two Groups in Observational Research." *Communications in Statistics—Simulations and Computation*, 38, 1228—1234.

Austin, P. C. (2011). "An Introduction to Propensity Score Methods for Reducing the Effects of Confounding in Observational Studies." *Multivariate Behavioral Research*, 46(1), 399—424.

Austin, P. C. & Mamdani, M. M. (2006). "A Comparison of Propensity Score Methods: A Case-study Estimating the Effectiveness of Post-AMI Statin Use." *Statistics in Medicine*, 25(12), 2084—2106.

Austin, P. C. & Schuster, T. (2016). "The Performance of Different Propensity Score Methods for Estimating Absolute Effects of Treatments on Survival Outcomes: A Simulation Study." *Statistical Methods in Research*, 25, 2214—2237.

Austin, P. C. & Stuart, E. A. (2015). "Moving towards Best Practice when Using Inverse Probability of Treatment Weighting (IPTW) Using the

Propensity Score to Estimate Causal Treatment Effects in Observational Studies." *Statistics in Medicine*, 34, 3661—3679. doi: 10.1002/sim. 6607.

Bai, H.(2011). "Using Propensity Score Analysis for Making Causal Claims in Research Articles." *Educational Psychology Review*, 23, 273—278. doi: 10.1007/s10648-011-9164-9.

Bai, H.(2013). "A Bootstrap Procedure of Propensity Score Estimation." *Journal of Experimental Education*, 81, 157—177. doi: 101080/00220973.2012.700497.

Bai, H.(2015). "Methodological Considerations in Implementing Propensity Score Matching." In W. Pan & H. Bai (Eds.), *Propensity Score Analysis: Fundamentals, Developments, and Extensions*. New York: Guilford.

Baycan, I. O.(2016). "The Effects of Exchange Rate Regimes on Economic Growth: Evidence from Propensity Score Matching Estimates." *Journal of Applied Statistics*, 43, 914—924. doi: 10. 1080/02664763. 2015. 1080669.

Bernstein, K. et al.(2016). "Efficacy of a Culturally Tailored Therapeutic Intervention Program for Community Dwelling Depressed Korean American Women: A Non-randomized Quasi-experimental Design Study." *Archives of Psychiatric Nursing*, 30, 19—26. doi: 10. 1016/j. apnu. 2015.10.011.

Bowden, R. J. & Turkington, D. A. (1990). *Instrumental Variables (No.8)*. New York: Cambridge University Press.

Brookhart, M. A. et al. (2006). "Variable Selection for Propensity Score Models." *American Journal of Epidemiology*, 163, 1149—1156. doi: 10.1093/aje/kwj149.

Caliendo, M. & Kopeinig, S.(2008). "Some Practical Guidance for the Implementation of Propensity Score Matching." *Journal of Economic Surveys*, 22(1), 31—72. doi: 10.1111/j.1467-6419.2007.00527.x.

Camillo, F. & D'Attoma, I.(2010). "A New Data Mining Approach to Estimate Causal Effects of Policy Interventions." *Expert Systems with Applications*, 37, 171—181.

Clark, M. H.(2015). "Propensity Score Adjustment Methods." In W. Pan & H. Bai (Eds.), *Propensity Score Analysis: Fundamentals and Developments* (pp.115—140). New York: Guilford.

Clark, M. H. & Cundiff, N. L. (2011). "Assessing the Effectiveness of a College Freshman Seminar Using Propensity Score Adjustments." *Research in Higher Education*, 52(6), 616—639.

Cochran, W. G.(1968). "The Effectiveness of Adjustment by Subclassification in Removing Bias in Observational Studies." *Biometrics*, 24, 295—313. Retrieved from http://www.jstor.org/stable/2528036.

Cochran, W. G. & Rubin, D. B.(1973). "Controlling Bias in Observational Studies: A Review." *Sankhya*, *Series A*, 35, 417—446.

Cole, S. R. & Hernán, M. A. (2008). "Constructing Inverse Probability Weights for Marginal Structural Models." *American Journal of Epidemiology*, 168(6), 656—664.

Cox, D. R.(1958). *Planning of Experiments*. Oxford, UK: Wiley.

D'Agostino, R. B.(1998). "Tutorial in Biostatistics: Propensity Score Methods for Bias Reduction in the Comparison of a Treatment to a Non-randomized Control Group." *Statistics in Medicine*, 17(19), 2265—2281.

D'Attoma, I., Camillo, F., & Clark, M. H.(2017). "A Comparison of Bias Reduction Methods: Clustering Versus Propensity Score Based Methods." *Journal of Experimental Education*. doi: 10.1080/00220973.2017.1391161.

Dehejia, R. H. & Wahba, S.(2002). "Propensity Score-matching Methods for Nonexperimental Causal Studies." *Review of Economics and Statistics*, 84(1), 151—161.

Diamond, A. & Sekhon, J. S. (2013). "Genetic Matching for Estimating Causal Effects: A General Multivariate Matching Method for Achieving Balance in Observational Studies." *Review of Economics and Statistics*, 95, 932—945. doi: 10.1162/REST_a_00318.

Duwe, G.(2015). "The Benefits of Keeping Idle Hands Busy: An Outcome Evaluation of a Prisoner Reentry Employment Program." *Crime & Delinquency*, 61, 559—586. doi: 10.1177/0011128711421653.

Eisenberg, D., Downs, M. F., & Golberstein, E.(2012). "Effects of Contact with Treatment Users on Mental Illness Stigma: Evidence from University Roommate Assignments." *Social Science & Medicine*, 75, 1122—1127. doi: 10.1016/j.socscimed.2012.05.007.

Entwisle, D. R. & Alexander, K. L.(1992). "Summer Setback: Race, Poverty, School Composition, and Mathematics Achievement in the First Two Years of School." *American Sociological Review*, 57, 72—84.

Fennema, E. &. Sherman, J. (1977). "Sex-related Differences in Mathematics Achievement, Spatial Visualization, and Affective Factors." *American Educational Research Journal*, 14, 51—57.

Fillmore, K. M. et al. (2006). "Moderate Alcohol Use and Reduced Mortality Risk: Systematic Error in Prospective Studies." *Addiction Research &. Theory*, 14, 101—132. doi: 10.1080/16066350500497983.

Freedman, D. A. &. Berk, R. A. (2008). "Weighting Regressions by Propensity Scores." *Evaluation Review*, 32, 392—409. doi: 10.1177/0193841X08317586.

Gastwirth, J. L., Krieger, A. M., &. Rosenbaum, P. R. (1998). "Dual and Simultaneous Sensitivity Analysis for Matched Pairs." *Biometrika*, 85(4), 907—920.

Gilbert, S. A. et al. (2012). "Elective Repeat Cesarean Delivery Compared with Spontaneous Trial of Labor after a Prior Cesarean Delivery: A Propensity Score Analysis." *American Journal of Obstetrics and Gynecology*, 206(4), 311.e1—311.e9.

Greenland, S. (1989). "Modeling and Variable Selection in Epidemiologic Analysis." *American Journal of Public Health*, 79(3), 340—349.

Grunwald, H. E. &. Mayhew, M. J. (2008). "Using Propensity Scores for Estimating Causal Effects: A Study in the Development of Moral Reasoning." *Research in Higher Education*, 49, 758—775. doi: 10.1007/s11162-008-9103-x.

Guill, K., Lüdtke, O., &. Köller, O. (2017). "Academic Tracking is Related to Gains in Students' Intelligence over Four Years: Evidence from a Propensity Score Matching Study." *Learning and Instruction*, 47, 43—52. doi: 10.1016/j.learninstruc.2016.10.001.

Gunter, W. D. &. Daly, K. (2012). "Causal or Spurious: Using Propensity Score Matching to Detangle the Relationship between Violent Video Games and Violent Behavior." *Computers in Human Behavior*, 28, 1348—1355. doi: 10.1016/j.chb.2012.02.020.

Guo, S., Barth, R. P., &. Gibbons, C. (2006). "Propensity Score Matching Strategies for Evaluating Substance Abuse Services for Child Welfare Clients." *Children and Youth Services Review*, 28(4), 357—383.

Guo, S. Y. &. Fraser, M. W. (2015). *Propensity Score Analysis: Statistical Methods and Applications* (2nd ed.). Thousand Oaks, CA: Sage.

Gutman, L. M. (2006). "How Student and Parent Goal Orientations and

Classroom Goal Structures Influence the Math Achievement of African Americans during the High School Transition." *Contemporary Educational Psychology*, 31(1), 44—63.

Hade, E. M. & Lu, B.(2013). "Bias Associated with Using the Propensity Score as a Regression Covariate." *Statistics in Medicine*, 33, 74—87. doi: 10.1002/sim.5884.

Han, Y. et al.(2014). "Estimating the Heterogeneous Relationship between Peer Drinking and Youth Alcohol Consumption in Chile Using Propensity Score Stratification." *International Journal of Environmental Research in Public Health*, 11, 11879—11897. doi: 10.3390/ijerph111111879.

Hansen, B. B.(2004). "Full Matching in an Observational Study of Coaching for the SAT." *Journal of the American Statistical Association*, 99 (467), 609—618.

Hanushek, E. A. et al.(2003). "Does Peer Ability Affect Student Achievement?" *Journal of Applied Econometrics*, 18, 527—544.

Harder, V. S., Stuart, E. A., & Anthony, J. C.(2010). "Propensity Score Techniques and the Assessment of Measured Covariate Balance to Test Causal Associations in Psychological Research." *Psychological Methods*, 15, 234—249. doi: 10.1037/a0019623.

Heckman, J. J.(1979). "Sample Selection Bias as a Specification Error." *Econometrica*, 47, 153—161.

Heckman, J. J. et al.(1998). "Characterizing Selection Bias Using Experimental Data." *Econometrica*, 66(5), 1017—1098.

Heckman, J. J., Ichimura, H., & Todd, P. E.(1997). "Matching as an Econometric Evaluation Estimator: Evidence from Evaluating a Job Training Programme." *Review of Economic Studies*, 64(4), 605—654.

Heckman, J. & Navarro-Lozano, S.(2004). "Using Matching, Instrumental Variables, and Control Functions to Estimate Economic Choice Models." *Review of Economics and Statistics*, 86(1), 30—57.

Hernandez, J. C.(2000). "Understanding the Retention of Latino College Students." *Journal of College Student Development*, 41(6), 575—588.

Hill, H., Rowan, R. B., & Ball, D. L.(2005). "Effects of Teachers' Mathematical Knowledge for Teaching on Student Achievement." *American Educational Research Journal*, 42, 371—406.

Hirano, K. & Imbens, G. W.(2001). "Estimation of Causal Effects Using

Propensity Score Weighting: An Application to Data on Right Heart Catheterization." *Health Services and Outcomes Research Methodology*, 2(3—4), 259—278.

Hirano, K., Imbens, G. W., & Ridder, G.(2003). "Efficient Estimation of Average Treatment Effects Using the Estimated Propensity Score." *Econometrica*, 71(4), 1161—1189.

Ho, D. E. et al.(2007). "Matching as Nonparametric Preprocessing for Reducing Model Dependence in Parametric Causal Inference." *Political Analysis*, 15, 199—236.

Ho, D. E. et al.(2011). "MatchIt: Nonparametric Preprocessing for Parametric Causal Inference." *Journal of Statistical Software*, 42(8), 1—28.

Holland, P. W.(1986). "Statistics and Causal Inference." *Journal of the American Statistical Association*, 81(396), 945—960. doi: 10.2307/2289064.

Holmes, W. M.(2014). *Using Propensity Scores in Quasi-experimental Designs*. Thousand Oaks, CA: Sage.

Hong, G. & Raudenbush, S. W.(2005). "Effects of Kindergarten Retention Policy on Children's Cognitive Growth in Reading and Mathematics." *Educational Evaluation and Policy Analysis*, 27(3), 205—224.

Hosmer, D. W. & Lemeshow, S.(2000). *Applied Logistic Regression* (2nd ed.). Hoboken, NJ: Wiley.

Huber, M., Lechner, M., & Steinmayr, A.(2015). "Radius Matching on the Propensity Score with Bias Adjustment: Tuning Parameters and Finite Sample Behaviour." *Empirical Economics*, 49(1), 1—31.

Jamelske, E.(2009). "Measuring the Impact of a University First-year Experience Program on Student GPA and Retention." *Higher Education*, 57, 373—391. doi: 10.1007/s10734-008-9161-1.

Joffe, M. M. & Rosenbaum, P. R.(1999). "Invited Commentary: Propensity Scores." *American Journal of Epidemiology*, 150(4), 327—333.

Kang, J. D. Y. & Schafer, J. L.(2007). "Demystifying Double Robustness: A Comparison of Alternative Strategies for Estimating a Population Mean from Incomplete Data." *Statistical Science*, 22, 523—539.

Keele, L.(2010). *An Overview of Rbounds: An R Package for Rosenbaum Bounds Sensitivity Analysis with Matched Data*. White Paper, Ohio State University, Columbus, OH.

King, G. & Nielsen, R.(2016). *Why Propensity Scores Should Not Be*

Used for Matching. Retrieved from: https://gking.harvard.edu/files/gking/files/psnot.pdf.

Kirchmann, H. et al.(2012). "Effects of Adult Inpatient Group Psychotherapy on Attachment Characteristics: An Observational Study Comparing Routine Care to an Untreated Comparison Group." Psychotherapy Research, 22, 95—114.

Ko, T. J. et al.(2014). "Parental Smoking during Pregnancy and Its Association with Low Birth Weight, Small for Gestational Age, and Preterm Birth Offspring: A Birth Cohort Study." *Pediatrics and Neonatology*, 55, 20—27. doi: 10.1016/j.pedneo.2013.05.005.

Koth, C., Bradshaw, C., & Leaf, P.(2008). "A Multilevel Study of Predictors of Student Perceptions of School Climate: The Effect of Classroom-level Factors." *Journal of Educational Psychology*, 100, 96—104.

Kuroki, M. & Cai, Z. (2008). "Formulating Tightest Bounds on Causal Effects in Studies with Unmeasured Confounders." *Statistics in Medicine*, 27(30), 6597—6611.

Land, K. C. & Felson, M. (1978). "Sensitivity Analysis of Arbitrarily Identified Simultaneous Equation Models." *Sociological Methods and Research*, 6, 283—307.

Lane, K.(2002). "Special Report: Hispanic Focus—Taking it to the Next Level." *Black Issues in Higher Education*, 19, 18—21.

Lanehart, R. E. et al.(2012, April). "Propensity Score Analysis and Assessment of Propensity Score Approaches Using SAS Procedures." Paper presented at the SAS Global Forum, Orlando, FL.

Larzelere, R. E. & Cox, R. B. (2013). "Making Valid Causal Inferences about Corrective Actions by Parents from Longitudinal Data." *Journal of Family Theory and Review*, 5, 282—299. doi: 10.1111/jftr.12020.

Lee, B. K., Lessler, J., & Stuart, E. A. (2010). "Improving Propensity Score Weighting Using Machine Learning." *Statistics in Medicine*, 29, 337—346. doi: 10.1002/sim3782.

Lee, B. K., Lessler, J., & Stuart, E. A.(2011). "Weight Trimming and Propensity Score Weighting." *PloS One*, 6(3), e18174.

Lehmann, E. L. (2006). *Nonparametrics: Statistical Methods Based on Ranks* (Rev. ed.). New York: Springer.

Leite, W.(2017). *Practical Propensity Score Methods Using R*. Thousand Oaks, CA: Sage.

Lemon, S. C. et al. (2003). "Classification and Regression Tree Analysis in Public Health: Methodological Review and Comparison with Logistic Regression." *Annals of Behavioral Medicine*, 26, 172—181.

Leow, C., Wen, X., & Korfmacher, J. (2015). "Two-year Versus One-year Head Start Program Impact: Addressing Selection Bias by Comparing Regression Modeling with Propensity Score Analysis." *Applied Developmental Science*, 19, 31—46. doi: 10.1080/10888691.2014.977995.

Lewis, D. (1973). "Counterfactuals and Comparative Possibility." *Journal of Philosophical Logic*, 2(4), 418—446.

Li, L. et al. (2011). "Propensity Score-based Sensitivity Analysis Method for Uncontrolled Confounding." *American Journal of Epidemiology*, 174(3), 345—358.

Linden, A. & Yarnold, P. R. (2016). "Combining Machine Learning and Propensity Score Weighting to Estimate Causal Effects in Multivalued Treatments." *Journal of Evaluation in Clinical Practice*, 22, 875—885. doi: 10.1111/jep.12610.

Liu, W., Kuramoto, S. J., & Stuart, E. A. (2013). "An Introduction to Sensitivity Analysis for Unobserved Confounding in Nonexperimental Prevention Research." *Prevention Science*, 14(6), 570—580.

Luellen, J. K., Shadish, W. R., & Clark, M. H. (2005). "Propensity Scores: An Introduction and Experimental Test." *Evaluation Review*, 29, 530—558.

Månsson, R. et al. (2007). "On the Estimation and Use of Propensity Scores in Case-control and Case-cohort Studies." *American Journal of Epidemiology*, 166(3), 332—339.

McCaffrey, D. F., Ridgeway, G., & Morral, A. R. (2004). "Propensity Score Estimation with Boosted Regression for Evaluating Causal Effects in Observational Studies." *Psychological Methods*, 9(4), 403—425. doi: 10.1037/1082-989X.9.4.403.

McCandless, L. C., Gustafson, P., & Austin, P. C. (2009). "Bayesian Propensity Score Analysis for Observational Data." *Statistics in Medicine*, 28, 94—112. doi: 10.1002/sim.3460.

Murname, R. J. & Willett, J. B. (2011). *Methods Matter: Improving Causal Inference in Educational and Social Science Research*. New York: Oxford University Press.

Ngai, F. W., Chan, S.W.C., & Ip, W. Y. (2009). "The Effects of a Childbirth Psychoeducation Program on Learned Resourcefulness, Maternal Role Competence and Perinatal Depression: A Quasi-experiment." *Nursing Studies*, 46, 1298—1306. doi: 0.1016/j.ijnurstu.2009.03.007.

Nora, A.(2001). "The Depiction of Significant Others in Tinto's 'Rites of Passage': A Reconceptualization of the Influence of Family and Community in the Persistence Process." *Journal of College Student Retention: Research, Theory & Practice*, 3(1), 41—56.

Olmos, A. &. Govindasamy, P.(2015). "A Practical Guide for Using Propensity Score Weighting in R." *Practical Assessment, Research &. Evaluation*, 20. Retrieved from https://pareonline.net/pdf/v20n13.pdf.

Pampel, F. C.(2000). *Logistic Regression: A Primer*. Thousand Oaks, CA: Sage.

Pan, W. &. Bai, H.(Eds.).(2015a). *Propensity Score Analysis: Fundamentals and Developments*. New York: Guilford.

Pan, W. &. Bai, H.(2015b). "Propensity Score Interval Matching: Using Bootstrap Confidence Intervals for Accommodating Estimation Errors of Propensity Scores." *BMC Medical Research Methodology*, 15(1), 53.

Pan, W. &. Bai, H.(2016). "Propensity Score Methods in Nursing Research: Take Advantage of them but Proceed with Caution." *Nursing Research*, 65(6), 421—424. doi: 10.1097/NNR.0000000000000189.

Pattanayak, C. W.(2015). "Evaluating Covariate Balance." In W. Pan &. H. Bai (Eds.), *Propensity Score Analysis: Fundamentals and Developments* (pp.89—112). New York: Guilford.

Pearl, J.(2010). "The Foundations of Causal Inference." Sociological Methodology, 40, 75—149. doi: 10.1111/j.1467-9531.2010.01228.x.

Peterson, E. D. et al.(2003). "Early Use of Glycoprotein Ⅱb/Ⅲa Inhibitors in Non-ST-elevation Acute Myocardial Infarction: Observations from the National Registry of Myocardial Infarction 4." *Journal of the American College of Cardiology*, 2, 45—53. doi: 10.1016/S0735-1097 (03)00514-X.

Reynolds, C. L. &. DesJardins, S. L.(2009). "The Use of Matching Methods in Higher Education Research: Answering whether Attendance at a 2-year Institution Results in Differences in Educational Attainment." In J. C. Smart (Ed.), *Higher Education: Handbook of Theory and Research* (pp.47—97). New York: Springer.

Robins, J. M., Hernán, M. A., &. Brumback, B.(2000). "Marginal Structural Models and Causal Inference in Epidemiology." *Epidemiology*, 11, 550—560.

Rosenbaum, P. R. (1989). "Optimal Matching for Observational Studies." *Journal of the American Statistical Association*, 84, 1024—1032.

Rosenbaum, P. R. (2002). "Observational Studies". In *Observational Studies* (2nd ed., pp.1—17). New York: Springer.

Rosenbaum, P. R. (2010). *Design of Observational Studies*. New York: Springer-Verlag.

Rosenbaum, P. R. & Rubin, D. B. (1983). "The Central Role of the Propensity Score in Observational Studies for Causal Effects." *Biometrika*, 70, 41—55.

Rosenbaum, P. R. & Rubin, D. B. (1984). "Reducing Bias in Observational Studies Using Subclassification on the Propensity Score." *Journal of the American Statistical Association*, 79(387), 516—524.

Rosenbaum, P. R. & Rubin, D. B. (1985). "Constructing a Control Group Using Multivariate Matched Sampling Methods that Incorporate the Propensity Score." *The American Statistician*, 39(1), 33—38.

Rothman, K. J., Greenland, S., & Lash, T. L. (1998). "Types of Epidemiologic Studies." *Modern Epidemiology*, 3, 95—97.

Rubin, D. B. (1974). "Estimating Causal Effects of Treatments in Randomized and Nonrandomized Studies." *Journal of Educational Psychology*, 66(5), 688—701.

Rubin, D. B. (1976). "Matching Methods that Are Equal Percent Bias Reducing: Some Examples." *Biometrics*, 32, 109—120.

Rubin, D. B. (1978). "Bias Reduction Using Mahalanobis Metric Matching." *ETS Research Bulletin Series*, 1978(2), 1—10.

Rubin, D. B. (1979). "Using Multivariate Matched Sampling and Regression Adjustment to Control Bias in Observational Studies." *Journal of the American Statistical Association*, 74, 318—328.

Rubin, D. B. (1980). "Percent Bias Reduction Using Mahalanobis Metric Matching." *Biometrics*, 36, 293—298.

Rubin, D. (1997). "Estimating Causal Effects from Large Data Sets Using Propensity Scores." *Annals of Internal Medicine*, 127, 757—763.

Rubin, D. B. (2001). "Using Propensity Scores to Help Design Observational Studies: Application to the Tobacco Litigation." *Health Services and Outcomes Research Methodology*, 2(3—4), 169—188.

Rubin, D. B. (2006). *Matched Sampling for Causal Effects*. New York: Cambridge University Press.

Rubin, D. B. &. Thomas, N. (1996). "Matching Using Estimated Propensity Scores: Relating Theory to Practice." *Biometrics*, 52, 249—264. doi: 10.2307/2533160.

Schafer, J. L. &. Kang, J. (2008). "Average Causal Effects from Nonrandomized Studies: A Practical Guide and Simulated Example." *Psychological Methods*, 13(4), 279—313.

Schommer-Aitkins, M., Duell, O. K., &. Hutter, R. (2005). "Epistemological Beliefs, Mathematical Problem-solving Beliefs, and Academic Performance of Middle School Students." *Elementary School Journal*, 105, 289—304.

Schreyögg, J., Stargardt, T., &. Tiemann, O. (2011). "Costs and Quality of Hospitals in Different Health Care Systems: A Multi-level Approach with Propensity Score Matching." *Health Economics*, 20(1), 85—100.

Seawright, J. &. Gerring, J. (2008). "Case Selection Techniques in Case Study Research: A Menu of Qualitative and Quantitative Options." *Political Research Quarterly*, 61(2), 294—308.

Sekhon, J. S. (2008). "The Neyman-Rubin Model of Causal Inference and Estimation via Matching Methods." In J. Box-Steffensmeier, H. Brady, &. D. Collier (Eds.), *The Oxford Handbook of Political Methodology* (pp.271—299). New York: Oxford University Press.

Setoguchi, S. et al. (2008). "Evaluating Uses of Data Mining Techniques in Propensity Score Estimation: A Simulation Study." *Pharmacoepidemiology and Drug Safety*, 17(6), 546—555.

Shadish, W. R. (2010). "Campbell and Rubin: A Primer and Comparison of their Approaches to Causal Inference in Field Settings." *Psychological Methods*, 15, 3—17. doi: 10.1037/a0015916.

Shadish, W. R. &. Clark, M. H. (2002). "An Introduction to Propensity Scores." *Metodologia de las Ciencias del Comportamiento Journal*, 4(2), 291—298.

Shadish, W. R., Clark, M. H., &. Steiner, P. M. (2008). "Can Nonrandomized Experiments Yield Accurate Answers? A Randomized Experiment Comparing Random to Nonrandom Assignment." *Journal of the American Statistical Association*, 103, 1334—1344. doi: 10. 1198/016214508000000733.

Shadish, W. R., Cook, T. D., & Campbell, D. T. (2002). *Experimental and Quasi-experimental Designs for Generalized Causal Inference*. Boston: Houghton Mifflin.

Shadish, W. R. & Steiner, P. M. (2010). "A Primer on Propensity Score Analysis." *Newborn and Infant Nursing Reviews*, 10, 19—26.

Shen, C. Y. et al. (2011). "Sensitivity Analysis for Causal Inference Using Inverse Probability Weighting." *Biometrical Journal*, 53 (5), 822—823.

Smith, J. A. & Todd, P. E. (2005). "Does Matching Overcome LaLonde's Critique of Nonexperimental Estimators?" *Journal of Econometrics*, 125, 305—353. doi: 10.1016/j.jeconom.2004.04.011.

Steiner, P. M. et al. (2010). "The Differential Role of Covariate Selection and Data Analytic Methods in Controlling for Selection Bias in Observational Studies: Results of a Within-study Comparison." *Psychological Methods*, 15, 250—267.

Stone, C. A. & Tang, Y. (2013). "Comparing Propensity Score Methods in Balancing Covariates and Recovering Impact in Small Sample Educational Program Evaluations." *Practical Assessment, Research & Evaluation*, 18(13), 1—12.

Stuart, E. A. (2010). "Matching Methods for Causal Inference: A Review and a Look forward." *Statistical Science: A Review Journal of the Institute of Mathematical Statistics*, 25(1), 1—21.

Stürmer, T. et al. (2006). "A Review of the Application of Propensity Score Methods Yielded Increasing Use, Advantages in Specific Settings, but Not Substantially Different Estimates Compared with Conventional Multivariable Methods." *Journal of Clinical Epidemiology*, 59, 437—447. doi: 10.1016/j.jclinepi.2005.07.004.

Thanh, N. X. & Rapoport, J. (2017). "Health Services Utilization of People Having and Not Having a Regular Doctor in Canada." *International Journal of Health Planning and Management*, 32(2), 180—188.

Tinto, V. (1987). *Leaving College: Rethinking the Causes and Cures of Student Attrition*. Chicago: University of Chicago Press.

Vachon, D. D. et al. (2015). "Assessment of the Harmful Psychiatric and Behavioral Effects of Different Forms of Child Maltreatment." *Journal of American Medical Association Psychiatry*, 72, 1135—1142. doi: 10.1001/jamapsychiatry.2015.1.

Wang, Q. (2015). "Propensity Score Matching on Multilevel Data." In W. Pan & H. Bai (Eds.), *Propensity Score Analysis: Fundamentals and Developments* (pp.217—235). New York: Guilford.

Weitzen, S. et al. (2004). "Principles for Modeling Propensity Scores in Medical Research: A Systematic Literature Review." *Pharmacoepidemiology and Drug Safety*, 13(12), 841—853.

Westreich, D., Lessler, J., & Funk, M. J. (2010). "Propensity Score Estimation: Neural Networks, Support Vector Machines, Decision Trees (CART), and Meta-classifiers as Alternatives to Logistic Regression." *Journal of Clinical Epidemiology*, 63, 826—833. doi: 10.1016/j.jclinepi.2009.11.020.

What Works Clearinghouse. (2017). *What Works Clearinghouse Standards Handbook Version* 4.0. Retrieved on March 3, 2018, from https://ies.ed.gov/ncee/wwc/Docs/referenceresources/wwc_standards_handbook_v4.pdf.

Winship, C. & Morgan, S. L. (1999). "The Estimation of Causal Effects from Observational Data." *Annual Review of Sociology*, 25, 659—706.

译名对照表

average treatment effect (ATE)	平均处理效应
average treatment effect on the treated (ATT)	处理组平均处理效应
caliper matching	卡尺匹配
classification and regression trees (CART)	分类与回归树
Cohen's d	科恩 d 值
common support	共同支持
complex matching	复杂匹配
covariate adjustment	协变量调整
covariate balancing	协变量平衡
exact matching	精确匹配
full matching	完全匹配
genetic matching	遗传匹配
greedy matching	贪婪匹配
hidden bias	隐藏偏误
Hotelling's T^2-test	霍特林 T^2 检验
instrumental variables	工具变量
internal validity	内部效度
Mahalanobis distance matching	马氏距离匹配
McNemar's test	麦克尼马尔检验
multivariate analysis of variance (MANOVA)	多变量方差分析
natural experiments	自然实验
nearest-neighbor matching	近邻匹配
one-way analysis of variance	单因素方差分析
optimal matching	最优匹配
propensity scores	倾向性评分
randomized controlled trial (RCT)	随机对照试验
ratio matching	比率匹配
selection bias	选择偏误
treatment effects	处理效应

Propensity Score Methods and Applications

by Haiyan Bai, M. H. Clark

English language editions published by SAGE Publications of Thousand Oaks, London, New Delhi, Singapore and Washington D. C., © 2019 by SAGE Publications, Inc.

All rights reserved. No part of this book may be reproduced or utilized in any form or by any means, electronic or mechanical, including photocopying, recording, or by any information storage and retrieval system, without permission in writing from the publisher.

This simplified Chinese edition for the People's Republic of China is published by arrangement with SAGE Publications, Inc. © SAGE Publications, Inc. & TRUTH & WISDOM PRESS 2025.

本书版权归 SAGE Publications 所有。由 SAGE Publications 授权翻译出版。

上海市版权局著作权合同登记号:图字 09-2025-0104

格致方法·定量研究系列